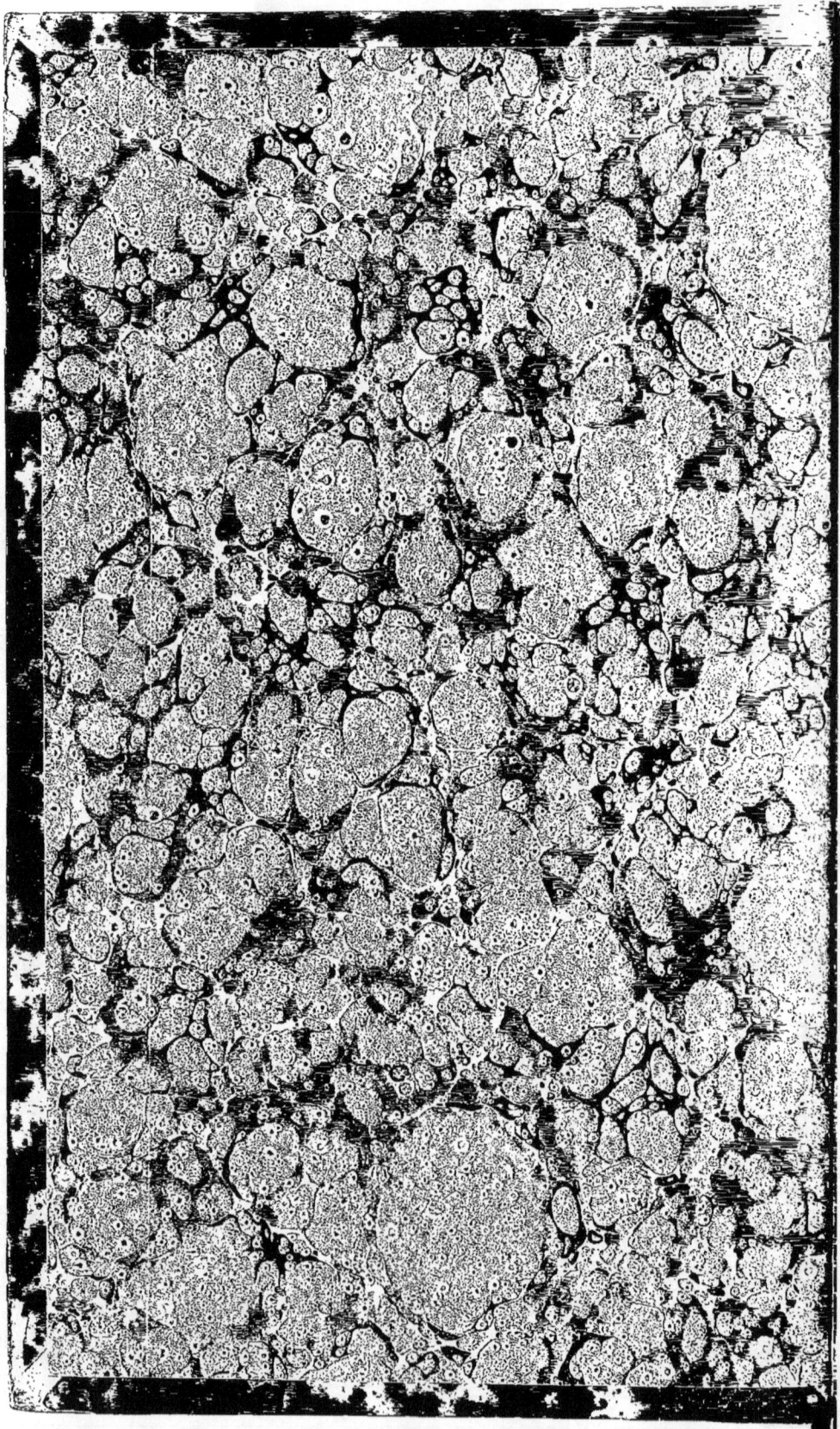

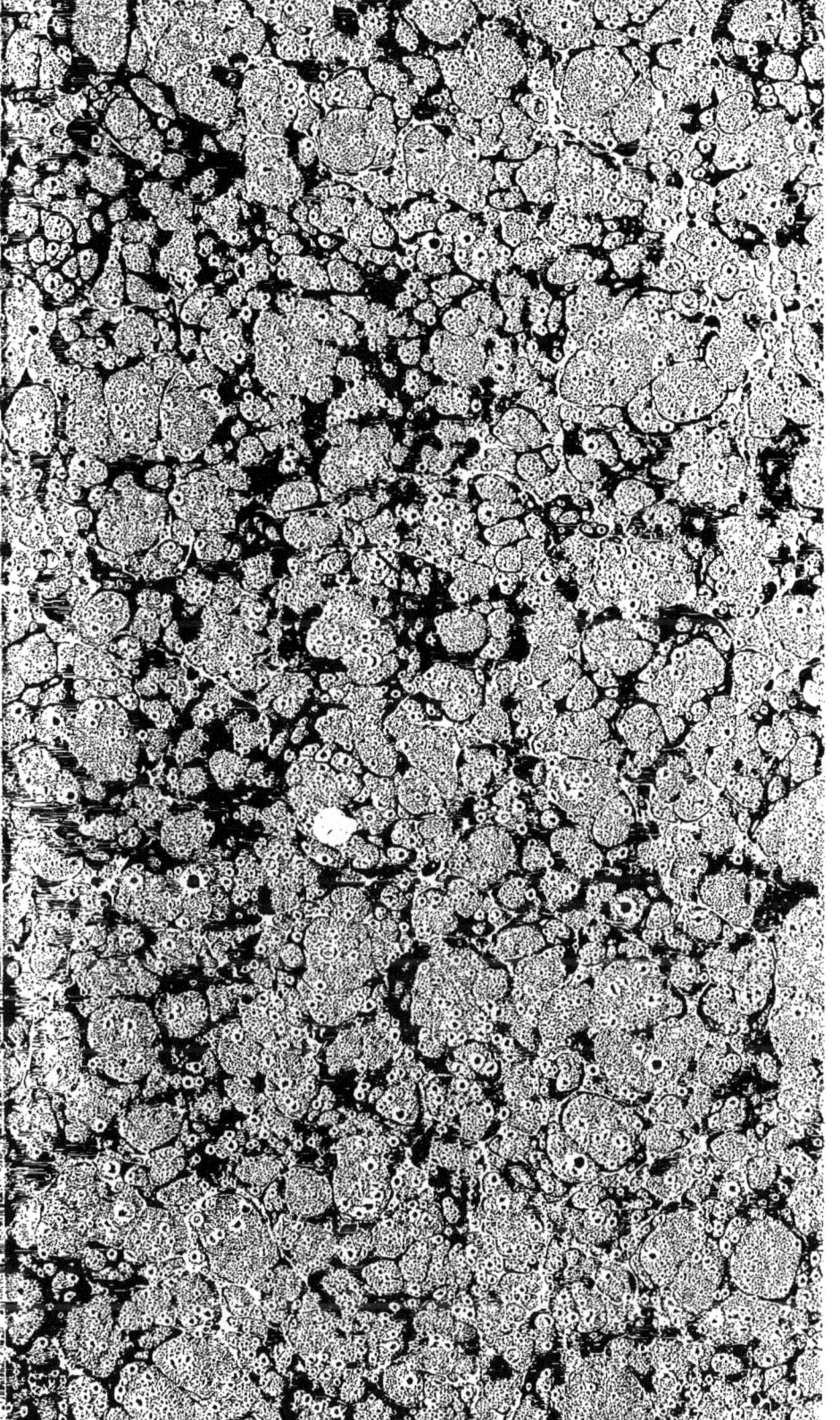

18318

ERRATA.

Le nom du général s'écrit Daumesnil et non Dauménil.

Le général Daumesnil fut amputé de la jambe gauche et non de la droite.

Le général Daumesnil fut nommé général de division en 1831 et non en 1831 (page 267).

GENS DE GUERRE

PORTRAITS

Paris. — Imprimerie de Cosse et J. Dumaine, rue Christine, 2.

GENS DE GUERRE

PORTRAITS

PAR

LE GÉNÉRAL BARON JOACHIM AMBERT.

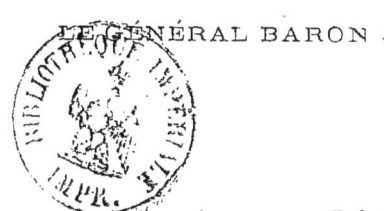

PARIS

J. DUMAINE,
LIBRAIRE-ÉDITEUR DE L'EMPEREUR,
Rue et Passage Dauphine, 30.

E. DENTU,
LIBRAIRE-EDITEUR.
Palais-Royal.

1863

Droits de traduction et de reproduction réservés.

LE FELD-MARÉCHAL SOUVOROW.

Nos aïeux se plaisaient à lire, il y a un siècle, les *Éloges* du maréchal de Saxe, de Duguay-Trouin, de Sully, que Thomas écrivait à côté des pages consacrées à Marc-Aurèle et à Descartes ; ils aimaient aussi à relire les *Oraisons funèbres* de Bossuet, où le néant des grandeurs humaines laisse cependant entrevoir le beau côté des caractères et des actions. Nous lisons encore les éloges et les oraisons funèbres du grand siècle, mais on n'en écrit plus guère de nos jours. Le *Portrait* a remplacé l'*Éloge*. Si par aventure quelques héros se rencontrent sur notre route, nous nous inclinons respectueusement, tout en faisant nos réserves, car notre scepticisme cherche à découvrir les rides du front, si vaste qu'il soit, et surtout la verrue dont parle Montaigne. Pour considérer la statue de plus près, nous monterions volontiers sur le piédestal, au risque de le ternir ou de le briser.

A l'oraison funèbre et à l'éloge, il fallait de grandes figures fortement éclairées, et dominant assez la foule pour que chacun, de loin, puisse voir et admirer. Le portrait, plus familier, sollicite surtout l'attention par l'exactitude minutieuse et sévère des détails.

Les maîtres en ce genre accordent aujourd'hui une préférence très-marquée aux figures des penseurs : prélats, savants, publicistes, orateurs, écrivains, artistes, poëtes, tous ceux enfin qui habitent le monde des idées. L'homme d'action, le guerrier a-t-il été oublié par le peintre? ou bien l'analyse de l'action a-t-elle semblé moins riche en aperçus et moins brillante de couleurs? Pourtant, l'action n'existe jamais seule ; elle procède de la pensée, dont elle n'est que le résultat. Tout homme d'action, qu'il se nomme Cromwell ou Frédéric II, Turenne ou Washington, a pensé avant d'agir. Tracer le portrait de l'homme d'action est donc encore une analyse de la pensée. Que Frédéric transforme l'électorat de Brandebourg en une grande puissance militaire, que les combinaisons stratégiques de Turenne préparent les traités de paix par des victoires infaillibles, que Washington fonde une société nouvelle, ce ne sont pas là des faits isolés, mais une conséquence du travail de la pensée. D'autres pensées font naître des poëmes épiques, des tableaux, des tragédies, des monuments, des législations. Pour les esprits élevés, poëmes ou plans de campagne sont œuvres de penseurs. A côté des portraits de poëtes ou d'orateurs, d'artistes ou de savants, le portrait du grand capitaine doit donc trouver sa place. Si l'on se bornait à décrire l'éclat de la cuirasse ou à dessiner les ciselures de l'épée, ce serait, il est vrai, offrir à l'esprit un bien faible aliment. Mais sous cette cuirasse bat un cœur qui a ses ardeurs et ses défaillances, et la main qui soutient cette épée a des tressaillements comme la main du poëte.

Les *éloges* sont tous de la même famille aussi bien que les *oraisons funèbres*. C'est la glorification du beau, du vrai, du grand. Il n'en est pas de même des *portraits*. Ils ne ressemblent nullement les uns aux autres. Au point de vue historique, Hoche, Kléber, Desaix, Marceau, Joubert, Championnet apparaissent sur un même plan. Le front couronné de l'auréole patriotique, tous élèvent jusqu'au ciel le drapeau de la France, puis disparaissent avant l'heure dans des nuages de fumée. Ils sont venus et s'en vont ensemble, lorsque leur mission est accomplie. Ces guerriers avaient cependant des physionomies bien diverses, quoiqu'ils fussent de même race. L'ardeur brillante de l'un était chez l'autre remplacée par le calme philosophique. On retrouve dans celui-ci les calculs profonds de Turenne, dans celui-là les soudaines illuminations de Condé ; chez tous, d'immenses douleurs, de cruelles déceptions, enveloppent ces âmes, naïves même au faîte de la puissance.

Pourquoi avons-nous lu avec tant d'ardeur ces belles pages où la critique contemporaine a peint des littérateurs, des philosophes et des artistes? C'est parce que nous pénétrions dans les replis du cœur humain, et que les caractères nous apparaissaient autrement que nous les voyons dans le monde. Le portrait militaire n'offrirait-il pas le même intérêt. Ne serait-ce pas encore l'une des pages du livre de l'humanité? Seulement ici la main, au lieu de tenir la plume, serait armée de l'épée. Or, plume et épée, ne sont-ce pas là les deux puissants leviers qui, depuis l'origine des sociétés, soulèvent le monde, au nom des dieux, des rois ou des peuples?

Les biographies militaires ne sont pas aussi

ternes, aussi monotones qu'on est porté à le croire. On peut peindre l'homme d'épée sans rester constamment dans les banalités de la biographie, dans la nomenclature des combats et des batailles. Parmi eux, plus d'un eût été digne de s'asseoir aux académies les plus doctes et les plus spirituelles. Le duc de Luxembourg, le maréchal de Saxe et le prince de Ligne brillaient par leur esprit; Vauban était, en économie politique, égal aux plus habiles de son temps; Foy et Lamarque eurent à la tribune de sublimes accents. Les armées sont une bonne école. La vie militaire moderne entoure celui qui la parcourt d'une sorte de mystère, en le plaçant sur un chemin peu fréquenté. Les alternatives d'obéissance et de commandement, l'inflexible hiérarchie, l'absence de toute discussion, créent à la longue une nature nouvelle qui modifie profondément l'autre : au lieu de se fondre dans la pensée publique qui a cours à telle ou telle époque, l'idée militaire ne se meut qu'entre des limites très-resserrées, infranchissables, sous peine de félonie. Des philosophes ont discuté sur la patrie, sur le serment; un homme d'épée ne discute pas ces choses sacrées, il les regarde comme les dogmes de la religion militaire.

Formuler un jugement équitable sur l'homme

d'épée devient difficile pour l'écrivain qui n'a pas la clef de ce caractère nouveau, coulé tout d'une pièce dans le moule de la discipline militaire. Nous avons été frappé souvent de la façon clairvoyante dont les hommes de lettres ont compris Benjamin Constant par exemple, et des voiles qui, pour eux, ont enveloppé la physionomie de Carnot. Nous choisissons à dessein deux esprits très-divers, réunis par certaines idées politiques, mais qui se séparent dès qu'entre eux s'élève un mot, le mot *patrie*. Nous ne dirons pas que le publiciste juge à un point de vue plus élevé l'idée qu'exprime ce mot ; nous ne dirons pas que l'homme d'épée est plus étroit dans ses appréciations ; nous constatons ici le fait, sans en donner l'explication. Nous voulons seulement faire comprendre que l'écrivain, même le plus exercé, lorsqu'il étudie un caractère d'homme de guerre, découvre des phénomènes singuliers qu'il ne peut ni comprendre ni expliquer, et qu'il met sur le compte du préjugé militaire.

Pour nous qui, à défaut d'autre mérite, avons celui de pratiquer la vie et la discipline des camps, qui avons appris sous la tente à saisir la physionomie, à comprendre la langue de l'homme de guerre, essayons d'esquisser le portrait militaire. Nous ne nous arrêterons pas en ce moment à un héros de nos annales ; nous choisirons un étranger dont le nom seul réveille de sinistres pensées. Nous ouvrirons notre galerie de portraits par la rude figure du feld-maréchal russe Souvorow.

I

Souvorow apparut, la dernière année du XVIIIe siècle, à l'horizon de nos frontières comme un chef de Barbares, marchant le fer et la torche à la main. On en fit un personnage fabuleux, un Scythe venu du Borysthène ou du Tanaïs, et foulant aux pieds de ses chevaux sanglants la moisson du pauvre peuple. Il devint la personnification de l'invasion étrangère et de la contre-révolution accomplie par les armes. Voyons ce qu'était cet homme. Étudions son caractère, examinons sa vie, suivons-le dans les palais, dans les camps et dans l'exil, pénétrons sous sa tente, lisons sa correspondance, et alors seulement nous aurons le droit de le juger, alors seulement nous saurons s'il faut croire avec les uns qu'il était un insensé, ou penser avec les autres qu'il fut un grand génie. Lorsque nous rencontrerons dans l'histoire ce général en chef des armées coalisées, nous n'en serons que plus fiers d'avoir vaincu celui qu'on nommait l'*invincible*.

Le feld-maréchal Souvorow est l'une des plus grandes figures militaires de la Russie. Cependant, en Russie même, on s'est montré pour lui d'une sévérité presque cruelle. Le patriotisme moderne des Russes, modifié par nos idées françaises, éprouverait-il une sorte d'embarras à reconnaître que cette physionomie tourmentée jusqu'au grotesque, ce mélange confus de héros et de barbare, personnifient assez bien la puissance militaire de l'empire moscovite à la fin du XVIIIe siècle et au commencement du XIXe? En France on a peut-être été plus juste. Napoléon dit dans ses Mémoires : « Le maréchal Souvorow avait l'âme d'un grand général, mais il n'en avait pas la tête. Il était doué d'une forte volonté, d'une grande activité et d'une intrépidité à toute épreuve ; mais il n'avait ni le génie, ni la connaissance de l'art de la guerre. » M. Thiers porte sur Souvorow à peu près le même jugement. « Il avait, dit-il, une grande vigueur de caractère, une bizarrerie affectée et poussée jusqu'à la folie, mais aucun génie de combinaison. Son armée lui ressemblait ; elle avait une bravoure remarquable et qui tenait du fanatisme, mais aucune instruction. »

Souvorow avait de fortes qualités qui lui suffirent tant qu'il ne rencontra pas les armées françaises. Un coup d'œil rapide, une détermination prompte et vigoureuse, une vaillante initiative, une confiance sans bornes dans ses talents et dans ses bataillons, c'était tout ce qu'il fallait pour combattre des Turcs, des Tartares et les insurgés de Pologne. Il opposait aux bandes tumultueuses une tactique simple, énergique, audacieuse. Mais pour vaincre les soldats français commandés par Moreau et Masséna, l'art et la science étaient indispensables. Or, Souvorow, quoiqu'il eût un peu vu la guerre de Sept ans, ignorait tout le côté savant de la stratégie. Les soldats russes l'avaient surnommé *le général en avant;* ses réponses, pendant la bataille, étaient toujours : *Perod stoupaye* (En avant, marche). « Si la victoire ne se donne pas, il faut la violer, » disait-il dans son langage trivial. Contre un habile adversaire et une armée disciplinée, rien n'est plus dangereux que ce système de toujours attaquer et de crier sans cesse : *En avant!* Souvent, très-souvent, ce système a réussi ; mais les succès même ont leurs périls, et Souvorow paya d'une cruelle façon le dédain qu'il avait fait des leçons de Turenne et de Frédéric II.

Le feld-maréchal signait son nom *Souvorow* en

russe et en français, tandis qu'il écrivait *Suvorow* en allemand ; c'est donc à tort que l'on a écrit *Souvarow*. Le nom de *Rymnikski* lui fut donné par l'impératrice Catherine II, en souvenir de la victoire remportée sur les bords du Rymnik en 1789. Créé en même temps comte des empires de Russie et d'Allemagne, Souvorow eut, dix ans après, l'honneur d'être élevé, par l'empereur Paul Ier, à la dignité de *prince Italisksi*, pour perpétuer la mémoire de sa campagne d'Italie.

Son père, Basile Souvorow, sénateur à Moscou, était issu d'une noble famille suédoise établie en Russie depuis quatre générations.

Alexandre Basilowitch Souvorow naquit en 1730, et fut destiné à la magistrature. Ses instincts l'entraînèrent vers la carrière des armes. Inscrit à douze ans dans un régiment de la garde impériale, il fut nommé caporal à l'âge de dix-sept ans ; il remplit sérieusement les fonctions de ce grade, et n'obtint les insignes de sergent que deux ans après. Il est vrai qu'en dix années, sans le moindre service de guerre, il devient lieutenant-colonel.

A l'âge de vingt-neuf ans, il fit sa première campagne sous le comte de Fermor. Il commanda, en 1761, non loin de Breslau, un petit corps de troupes, et se vantait depuis d'avoir vaincu le grand Frédéric, parce que, dans une rencontre, il avait mis en déroute les soldats du général prussien Knoblock. La paix de 1762 interrompit ses débuts militaires. Nommé colonel après sa première campagne, il ne reparut sur les champs de bataille qu'en 1768, dans la guerre contre les confédérés de Pologne. Il y obtint le grade de brigadier, et celui de général-major deux ans après. Cette campagne, terminée en 1772, fut la véritable école de Souvorow ; il s'y distingua plus par un grand courage que par des talents de tacticien. Le partage des provinces polonaises entre la Russie, l'Autriche et la Prusse, fut la conséquence de cette guerre. L'année suivante, il eut un commandement dans l'armée qui combattait les Turcs. Nommé lieutenant général au printemps de 1774, il exerça enfin un commandement réel et put donner libre carrière à ses facultés. Le corps placé sous ses ordres n'était cependant que de 12,000 hommes ; avec ce petit nombre de troupes, il osa attaquer, près de Koslugi, l'armée turque, forte de 50,000 combattants, et remporta une victoire si complète qu'une paix glorieuse pour la Russie fut la conséquence immédiate de ce fait d'armes.

Désormais, Souvorow occupait une haute position dans l'armée ; aussi fut-il appelé au rôle de pacificateur des provinces soulevées à la voix du Cosaque Pougatschew qui se donnait pour Pierre III. 20,000 paysans révoltés menaçaient l'empire d'une guerre sociale. L'insurrection, commencée en 1772, durait depuis deux ans, et plus de mille familles nobles avaient péri par le fer et la flamme. L'intervention de Souvorow fut à peine utile : déjà, vaincu par les troupes russes, errant et fugitif, Pougatschew, livré par ses propres soldats, périt de la main du bourreau. En 1776, le général Souvorow fit la guerre aux Tartares. On sait que, depuis 1475, Mahomet II avait mis la Crimée sous sa dépendance en laissant à un khan le gouvernement du pays. Le général eut à combattre le khan des Tartares, Sehaim-Gueray, qui se soumit à la Russie le 28 juin 1783. Dès lors les forces russes occupèrent le pays, qui ne fut cependant cédé par les Turcs qu'en 1791. Souvorow conserva la direction supérieure des opérations militaires jusqu'en 1784. Le général russe fit preuve, dans cette longue lutte, de qualités administratives, et montra souvent une grande modération envers les habitants du pays.

Promu au grade de général en chef en 1786, Souvorow recommença, l'année suivante, la guerre contre les Turcs. Cette campagne est la plus belle époque de sa vie militaire. La bataille de Kinburn, en septembre 1787, est un brillant fait d'armes, encore dépassé par la victoire de Foxham. Les Turcs battaient les Autrichiens, commandés par le prince de Cobourg; Souvorow, à la tête de 7,000 Russes, vint au secours de 18,000 Autrichiens, et les 40,000 Turcs furent mis en déroute. C'était le 21 juillet 1789 : la Révolution commençait en France. Deux mois après, Souvorow remportait la grande victoire de Rymnik. A peine commandait-il 8,000 Russes, qui, joints aux 20,000 Autrichiens du prince de Cobourg, détruisirent l'armée turque, de plus de 100,000 hommes. Le champ de bataille, hérissé de redoutes, avait dix lieues d'étendue, que balayèrent les Austro-Russes avec une admirable vigueur. C'était là le vrai talent de Souvorow : magnifique au feu, exalté par les difficultés, prompt à se décider, il allait droit au but comme un boulet de canon. La victoire ne pouvait lui échapper, tant que ces élans audacieux ne viendraient pas se heurter contre la science unie au courage.

Est-ce à dire que Souvorow ne remportât que des victoires faciles ? Non, certes. Ses qualités militaires étaient extrêmement développées, quoiqu'il

n'eût pas le génie de la tactique. De prodigieux
instincts, un courage exalté, l'habitude des positions défensives ou offensives, un caractère énergique, de la confiance, de l'initiative, le plaçaient
fort au-dessus de la plupart des généraux de son
époque ; mais il faut reconnaître qu'il fut bien servi
par ses premiers adversaires. Les Turcs, lorsqu'il
les rencontra, avaient perdu tout leur prestige ; ce
n'étaient plus les conquérants de l'empire grec ou
les hardis compagnons de Sélim ; ce n'étaient plus
les vainqueurs des chevaliers de Rhodes. Ils avaient
oublié que leurs pères plantaient autrefois leurs
tentes sous les remparts de Vienne. Depuis Lépante, et surtout depuis la fin du XVIIe siècle, la
puissance musulmane n'était plus qu'un souvenir.
Aussi le général Souvorow put-il prendre d'assaut
Ismaïlow ; Potemkin enlevait bien Otchakow, Bender et Kilianova. Quelques historiens russes vont
jusqu'à dire que les Turcs, consternés au seul nom
de Souvorow, supplièrent l'impératrice de leur accorder la paix. Elle fut, en réalité, signée, non par
suite de la terreur qu'inspirait ce nom, mais parce
que le nouveau favori de Catherine, Platon Zouboff, ne voulait pas, comme l'ancien favori, Potemkin, guerroyer sans cesse. Ce dernier expira
presque soudainement en apprenant la fin de cette

campagne, qui, pour lui, n'avait pas été sans gloire.

Souvorow commande en chef sur les frontières de la Suède et de la Russie, pendant les années 1791 et 1792 ; il fortifie cette frontière et la rend d'un difficile abord pour les Suédois. A la fin de 1792, l'impératrice, incertaine des dispositions des Turcs, envoie Souvorow en qualité de gouverneur des provinces qui s'étendent du Dniester au fond de la Crimée. Voulant enfin mettre un terme à la guerre de Pologne, Catherine lui confie, en 1794, le commandement de son armée. Deux mois suffirent pour soumettre les Polonais. Élevé à la dignité de feld-maréchal, Souvorow jette les yeux sur le midi de l'Europe. « Mère, écrit-il à l'impératrice, mère, fais-moi marcher contre les Français (1). » Cette prière allait être enfin entendue. Dès l'année 1795, le feld-maréchal Souvorow reçut l'ordre de

---

(1) Souvorow était animé contre les Français révolutionnaires d'une passion à la fois religieuse et politique. Comme témoignage de ses sentiments, il suffit de citer la lettre singulièrement exaltée qu'il adressa à Charette :

« Héros de la Vendée ! illustre défenseur de la foi de tes pères et du trône de tes rois, salut ! Que le Dieu des armées veille à jamais sur toi ! qu'il guide ton bras à travers les bataillons de tes nombreux ennemis, qui, marqués du doigt de ce Dieu vengeur, tomberont disper-

former, au camp de Toulczine, en Ukraine, une armée de 50,000 hommes, et de se tenir prêt à partir. « Je le voyais rajeunir de contentement, écrivait un officier français émigré qui faisait partie de son état-major ; le contre-ordre étant arrivé, il en tomba malade de chagrin. » Bientôt après, il était en pleine disgrâce. Paul Ier venait de succéder à Catherine.

Souvorow encourut le mécontentement de l'empereur pour un motif singulier. On sait qu'après la paix de 1763, le ministre de la guerre en France voulut introduire dans notre armée les méthodes

---

sés comme la feuille qu'un vent du nord a frappée ! Et vous, immortels Vendéens, fidèles conservateurs de l'honneur des Français, dignes compagnons d'armes d'un héros, guidés par lui, relevez le temple du Seigneur et le trône de vos rois !..... Que le méchant périsse !..... Que sa trace s'efface !..... Alors, que la paix bienfaisante renaisse, et que la tige antique des lis, que la tempête avait courbée, se relève du milieu de vous plus brillante et plus majestueuse ! Brave Charette ! honneur des chevaliers français ! l'univers est plein de ton nom ! l'Europe étonnée te contemple ! et moi je t'admire et te félicite !..... Dieu te choisit comme autrefois David pour punir le Philistin..... Adore ses décrets..... Vole ! attaque ! frappe ! et la victoire suivra tes pas ! Tels sont les vœux d'un soldat qui, *blanchi* aux champs d'honneur, vit constamment la victoire couronner la confiance qu'il avait placée dans le Dieu des combats. Gloire à lui ! car il est la source de toute gloire ! Gloire à toi ! car il te chérit ! » (Varsovie, 1er octobre 1793.)

prussiennes, et faire adopter à nos spirituels officiers les sottes minuties des parades de Postdam. Tout fut soumis à l'uniformité, même la façon d'accommoder la chevelure, même la dimension des queues, grosseur et longueur. La longueur, pour tout militaire, quelle que fût sa taille, était invariablement fixée à dix pouces. Nous imitions les Prussiens, les Russes voulurent nous imiter. Paul 1er fit venir de Paris ses modèles. L'empereur de toutes les Russies adopta les dix pouces de queue, et les ordres les plus sévères furent donnés pour l'exécution de l'ordonnance. De petits bâtons, confectionnés à Paris, représentaient la queue de tout guerrier prussien, français et russe. L'empereur envoya au maréchal Souvorow quelques-uns de ces modèles, afin que l'ordre, bien compris, fût exécuté sans addition ni soustraction. Ceux qui n'avaient pas assez de cheveux en ajouteraient, ceux qui en avaient trop en couperaient. Comme en ce monde un sot trouve toujours un plus sot pour renchérir sur sa sottise, quelque faiseur russe avait perfectionné le petit bâton, en y ajoutant un supplément de boucles pour les faces. Frédéric II, moins sévère, avait laissé à ses officiers la disposition de cette partie de leur tête. La France n'avait pas encore décidé ce qu'elle ferait à cet égard. La

Russie trancha hardiment la question, sans attendre la France qui délibérait.

En ce temps-là, les armées moscovites portaient les cheveux courts, comme nous les avons aujourd'hui, à l'exemple des Romains. On juge combien il devenait difficile d'obtenir ces boucles et cette queue sur des têtes à peine ébauchées, qui s'accommodaient mieux du bonnet tartare que des galantes frisures. En France, les sous-lieutenants avaient chansonné la mesure, et les couplets joyeux couraient les régiments. Le Russe imite volontiers le Français ; on voulut donc chanter là-bas comme on chantait chez nous. Le feld-maréchal Souvorow composa lui-même la chanson. Il eut tort, car la discipline était en jeu.

Voici la traduction de petits vers russes de la composition du maréchal, lesquels coururent les camps et la ville ; le feld-maréchal les fredonnait en public, battant la mesure avec le petit bâton modèle des queues de son armée :

> Les queues ne piquent pas comme les baïonnettes.
> Les boucles ne tirent point comme les canons.
> La poudre ne fait point feu.

Outre la chanson, le vieux guerrier se permettait le calembour. Nous avions omis de mentionner que la nouvelle ordonnance sur la coiffure s'occupait longuement de la poudre à poudrer, dont la composition et l'emploi ne laissaient rien à désirer. A l'exemple de son général en chef, l'armée russe se prit à chanter et à faire des jeux de mots. Souvorow ne se doutait pas qu'il mettait le pied sur le terrain si glissant des révolutions, et qu'il en montrait le chemin au peuple russe. Il n'en maudissait pas moins la France, d'où venait tout ce mal, tandis que Paul Ier maudissait Souvorow, auteur de la chanson et du calembour. Que se passa-t-il à la cour ? On ne sait ; mais, peu de jours après, l'empereur de Russie destituait le feld-maréchal Souvorow.

Le vieux capitaine est indigné ; il se dépouille de son uniforme devenu historique, s'habille en simple grenadier, fait assembler les troupes, et, devant le front des bataillons, dépose toutes ses décorations, tous ses insignes d'honneurs et de commandement, puis il s'écrie : « Camarades, un temps viendra peut-être où Souvorow reparaîtra au milieu de vous ; alors il reprendra ses dépouilles qu'il vous laisse et qu'il portait toujours dans ses victoires. »

Après sa destitution, il se rend à Moscou ; mais, s'il ne chante plus, il parle beaucoup, beaucoup trop des courtisans, surtout. Un nouvel ordre ne tarde pas à lui arriver. Cette fois, l'empereur l'exile dans la solitude et le silence d'un village éloigné. L'homme chargé d'accompagner le feld-maréchal le prévient que quatre heures lui sont accordées pour se préparer au départ. « Oh! c'est trop de bonté, s'écrie-t-il : une heure suffit à Souvorow. » Apercevant un carrosse qui l'attendait, le maréchal dit : « Souvorow, partant pour l'exil, n'a pas besoin d'un carrosse, il peut bien s'y rendre dans l'équipage dont il se servait pour aller à la cour de l'impératrice Catherine et marcher à la tête des armées russes victorieuses avec lui. Qu'on amène un kibitk. »

Et il resta deux années dans un pauvre village du gouvernement de Novogorod, cherchant, mais en vain, un aliment pour la fougueuse activité de son âme. Ne pouvant rester sans emploi, il se fit nommer marguillier de la paroisse, et, en cette qualité, sollicita et obtint la place de sonneur de cloche de l'église. Mal en prit aux habitants de l'avoir honoré de leur confiance, car nuit et jour il sonnait les offices. Puis, rivalisant avec le pope, il chantait les prières. Bientôt il devint le père des paysans, comme il avait été le père des soldats. Allant des champs aux plus pauvres maisons, il encourageait le travail et soulageait la misère. Ce temps d'exil fut aussi employé à l'étude, car Souvorow aimait à lire les livres de guerre. L'histoire des campagnes des grands capitaines lui était familière ; il se plaisait aussi à comparer entre eux les idiomes divers, et parlait huit langues : le russe, le français, le polonais, l'allemand, l'italien, le grec vulgaire, le turc et le tartare.

Exilé depuis un an, Souvorow écrit un jour à l'empereur : « Sire, j'ai été assez heureux pendant longtemps pour servir ma patrie de ma personne ; maintenant, il ne me reste d'autre moyen de lui être utile que celui de prier Votre Majesté de distribuer à de plus indigents une terre de quatre mille paysans, que je remets, en conséquence, à Votre Majesté. » Le domaine si généreusement offert pour de *plus indigents* rapportait cent mille livres de rentes. L'empereur ne daigna pas honorer cette lettre d'une réponse. Cependant, à quelque temps de là, Paul Ier, apprenant que Souvorow souffrait de cruelles privations dans le village dont il ne pouvait s'éloigner, lui écrivit pour changer le lieu de son exil. Le courrier porteur de la lettre impériale la remit au maréchal. A peine celui-ci a-t-il lu sur l'enveloppe : *Au feld-maréchal Souvorow, comte des empires de Russie et d'Allemagne,* etc. : « Ce n'est pas pour moi, dit le guerrier ; si Souvorow était feld-maréchal, il ne serait pas gardé dans un village comme un coupable, on le verrait à la tête des armées ; je ne suis qu'un pauvre et vieux soldat. » Le courrier dut rapporter les dépêches à l'empereur. Peu de temps après, de nouvelles dépêches arrivèrent, et cette fois, Souvorow eut le bonheur de lire sur l'adresse : *A mon fidèle sujet Souvorow.* Le « vieux soldat » oublia tout. Profondément ému, il brisa le cachet et trouva l'ordre qui le rappelait à Saint-Pétersbourg.

La coalition de la Russie, de l'Angleterre et de l'Autriche contre la France se formait, et il fallait à ces puissances un général illustre. La lettre de l'empereur de Russie à Souvorow ne manque pas de grandeur.

J'ai pris la résolution de vous envoyer au secours de S. M. l'empereur et roi mon allié et mon frère. Souvorow n'a besoin ni de triomphes ni de lauriers ; mais la patrie a besoin de Souvorow, et nos désirs sont conformes à ceux de François II, qui, vous ayant conféré le suprême commandement de ses armées, vous prie d'accepter cette dignité. Il ne dépend donc que de Souvorow de se rendre aux vœux de la patrie et aux vœux de François II.

PAUL 1er.

L'exil avait pesé deux ans sur sa tête. En lisant cette lettre, il fit le signe de la croix et baisa la signature de l'empereur, puis il adressa de touchants adieux aux paysans et partit, rajeuni par l'espoir de battre les Français. Avant de le suivre dans sa dernière campagne, si brillante au début, si désastreuse à la fin, qu'il nous soit permis de nous arrêter tout à loisir sur son caractère, et de dessiner, jusque dans ses plus bizarres détails, cette saisissante et originale physionomie.

II

On se représenterait volontiers cet homme du nord vêtu avec une simplicité sévère, comme Gustave-Adolphe et Charles XII. On aimerait à penser que son maintien était grave, sa parole austère, son geste rare. Le naturel convient, en effet, à ces grands caractères, qui restent eux-mêmes en toute circonstance, vivent de la vie intérieure, et dédaigneraient, s'ils y pouvaient songer, ces rôles péniblement appris par les médiocrités de tous les temps. Quoiqu'il ne fût rien moins qu'une médiocrité, Souvorow jouait cependant un rôle, composé par lui dès la première jeunesse. Ce rôle s'explique mieux qu'il ne se comprend. Ambitieux outre mesure, confondu au début de la carrière dans les rangs obscurs de la milice, sans nom brillant, sans figure, sans fortune, Souvorow ne pouvait attirer l'attention. Il devait partout, et toujours, rester inaperçu dans la foule. Pour fixer les regards, il se fit original, jusqu'à la bouffonnerie, jusqu'au grotesque ; original en tenue, original en propos. Comme il s'était bien trouvé de ce rôle parfaitement joué, il le continua jusqu'au terme de sa vie ; il n'est pas impossible d'ailleurs que ce qui n'avait été d'abord qu'une comédie fût devenu à la longue une habitude insurmontable.

La nature semblait l'avoir fait pour un pareil rôle. Sa taille, à peine de cinq pieds un pouce, son corps d'une apparence délicate, ses formes disgracieuses étaient loin d'offrir l'image de l'homme de guerre. Mais cette frêle enveloppe recélait une grande force, une puissance morale remarquable. L'attitude du corps n'était pas belle. Le poids continuel d'un grand sabre entraînait le buste à gauche, et cette attitude penchée n'avait rien d'agréable ni de sérieux.

Lorsqu'il marcha contre les Français, Souvorow, âgé de soixante-neuf ans, produisit sur l'esprit railleur des officiers de notre armée d'Italie une impression impossible à décrire. Les couplets et les dessins se multiplièrent dans les états-majors et dans les corps. Ce rôle de Souvorow, pris au sérieux par les Russes et les Autrichiens, devint, aux yeux des Français, la plus grotesque des comédies, nonobstant les succès qu'il avait d'abord obtenus. Voici l'esquisse que nous retrouvons dans le journal d'un aide-de-camp de Masséna, qui eut l'occasion de voir plusieurs fois Souvorow :

« Sa tête blanche, mais presque chauve, se redresse fièrement ; les cheveux des faces, difficilement ramenés sur le front, forment une sorte de couronne irrégulière qu'agite le moindre mouvement, si bien que la tête est entourée d'une auréole mobile. Réunis tant bien que mal par un cordon, les cheveux du derrière de la tête tombent sur le collet de l'habit en petite queue très-mince et sans cesse agitée. Des rides d'une profondeur incroyable sillonnent dans tous les sens le front et le visage. On ne remarque d'abord qu'une grande bouche et deux petits yeux vifs, mobiles, curieux. La physionomie est très-expressive, tour à tour douce et sévère, jamais insouciante. La douceur a quelque chose d'enfantin, de naïf, tandis que la sévérité est brutale, presque cruelle. On n'imagine rien de semblable dans nos armées ni dans nos pays. Si le feldmaréchal se livre à la méditation, ou même à la plus simple réflexion, ce doit être dans la solitude, car en public, en présence même de quelques personnes, il est sans cesse en mouvement. Son regard scrutateur suit les gestes d'autrui ; il regarde d'une façon gênante les visages, les costumes, tournant autour de chacun avec un grand bruit de sabre traînant, faisant descendre les rides de son front ou les faisant remonter, par le jeu des sourcils, ce qu'aucun autre que lui ne peut faire à ce degré. Il adresse des questions brusques, inattendues ; et si la réponse n'est pas prompte et claire, il tourne le dos en secouant la tête et faisant entendre un petit ricanement sec. Ses sensations se peignent sur les traits du visage d'une manière inimaginable ; on croirait entendre l'expression de sa pensée. On le dit cependant adroit jusqu'à la ruse ; on le dit spirituel, caustique et doué d'un grand tact. Je ne l'ai entendu parler avec aigreur que des fripons qui volent le soldat, et des courtisans qui nuisent aux généraux dans l'esprit des princes. Son attitude était réellement grande, son éloquence véritable, et sa voix, son geste, avaient de la noblesse. C'est ce que nous nommons *sabrer* adroitement, vigoureusement et à propos. Le costume du feld-maréchal est incroyable. Un petit casque de feutre, garni de franges vertes, le coiffe assez mal. Au lieu d'habit, il porte une veste de basin blanc qui a des revers et un collet de toile verte. Au-dessous de cette veste, s'étale un grand gilet blanc, également en basin, qui descend fort bas, et laisse apercevoir une culotte, encore de basin blanc, beaucoup trop large et trop longue. Les jambes, minces et mal prises, flottent dans des bottes à retroussis jaunes. Ces bottes, mal faites, ont une teinte terreuse imprimée par la guerre. Les manchettes de bottes couvrent le genou et vont se perdre dans les draperies du gilet, dont les poches béantes laissent apercevoir des papiers en désordre. Deux anciennes blessures à la même jambe, dont le feld-maréchal a souvent à souffrir, le forcent à ne mettre parfois qu'une botte. Alors la jambe malade apparaît sous un bas mal tendu, et le maréchal ne se soucie nullement de l'irrégularité ; il reçoit ainsi et fait ses visites, comme si la jambe était chaussée. Extrêmement large, tout cet habillement semble ne pas tenir sur son corps amaigri. Je dois ajouter que ce blanc costume est d'une grande propreté. Quoique décoré d'un grand nombre d'ordres, le feld-maréchal ne porte sur sa veste que le cordon de la 3ᵉ classe de Saint-Georges. Jamais son grand sabre ne le quitte, malgré la fatigue évidente et l'embarras causés par ce poids et ce bruit. »

Tel est le portrait physique de Souvorow dessiné

d'après nature. Nous n'avons omis que quelques expressions irrévérencieuses et quelques appréciations dont l'histoire impartiale récuse l'excessive sévérité.

Pendant les hivers rigoureux, Souvorow substituait le drap blanc au basin blanc ; mais la forme et les couleurs ne variaient pas. Il était rare qu'il prît le vêtement de drap, et jamais pour plus de quelques jours. Il évitait tout ce qui pouvait lui rappeler son âge. Les glaces des appartements qu'il devait habiter étaient couvertes ou enlevées. La même consigne était prescrite dans les maisons qu'il honorait de fréquentes visites. Cependant, si, par extraordinaire, Souvorow passait devant une glace, il prenait, en l'apercevant, ce qu'il nommait son *petit galop* : il fermait les yeux, avec une grimace, et passait en détournant la tête et faisant de grandes enjambées. Quand il avait mis un long intervalle entre lui et cette glace importune, il s'arrêtait et disait gravement aux personnes qui le suivaient : « il ne faut pas se regarder, pour ne pas voir les ravages du temps, et pour se croire ainsi toujours en état d'exécuter les mêmes entreprises militaires que dans sa jeunesse. » Si dans un appartement il rencontrait une chaise sur son passage, il ne la déplaçait pas, mais, mettant son pied dessus, il la franchissait en s'écriant: « On est encore leste, très-leste. » Il marchait autrement que les autres ; toujours sur la pointe du pied. Son allure habituelle était un peu précipitée ; il poussait ainsi toujours en avant, sans se préoccuper de ceux qui l'accompagnaient. Les sociétés les plus sérieuses, les plus nombreuses, loin de mettre un frein à ses excentricités, semblaient au contraire exalter tout son être. C'était au milieu d'elles qu'il se livrait aux exercices mimiques les plus bizarres, aux gestes les plus désordonnés, aux réflexions les plus comiques. Dans son intérieur, il revenait à la simplicité, au naturel, et alors sa conversation était souvent pleine de charme. Il fallait qu'il fût dans l'intimité pour qu'il laissât son esprit et son âme errer en liberté.

Afin de s'endurcir aux fatigues de la guerre, le feld-maréchal vivait toujours comme s'il eût été en campagne. « La paix, disait-il, tue plus de capitaines que la bataille. » Lorsqu'il se levait le matin, en quelque saison que ce fût, il se faisait jeter sur le corps plusieurs seaux d'eau froide, puis sautait et courait pour activer la circulation du sang. Il donnait ce moyen comme un remède contre la vieillesse. « La vieillesse, disait-il, est une maladie qu'il est facile d'éviter en menant la vie rudement. »

Jamais, même dans les palais de l'impératrice, le feld-maréchal n'eut de lit. Quelques bottes de foin étendues par terre lui suffisaient. Il préférait une tente à toute autre habitation : on plantait pour lui, dans le jardin ou dans la cour, une simple tente d'officier, et il n'entrait dans la maison mise à sa disposition que pour prendre ses repas. S'il était obligé d'habiter un appartement, tous les meubles de luxe devaient disparaître. « Un homme, disait-il, n'a besoin que d'une table, de trois chaises de paille, d'une boîte pour ses hardes et de foin pour dormir ; tout ce qui a besoin de plus que cela ne mérite pas l'honneur d'être soldat. »

Jamais il ne porta ni montre ni bijoux d'aucune sorte. Dans les grandes cérémonies, il se parait de toutes ses décorations et des présents en diamants que les souverains lui avaient donnés. En ces circonstances, le maréchal se plaisait, à les montrer disant : « A telle action, j'ai obtenu cet ordre, et celui-ci à telle autre ; ces diamants m'ont été envoyés à la suite de telle victoire..... » Mettant une sorte de coquetterie féminine à étaler ses glorieux souvenirs, Souvorow avait soin d'ajouter : La fortune ne saurait payer certains services ; les honneurs sont donc plus que l'or ; il en faut être avare. »

Jamais stoïcien ne professa pour l'argent autant

de dédain que le feld-maréchal. A peine en connaissait-il la valeur monétaire, et jamais on ne le vit toucher une pièce de monnaie. Ceux qui l'accompagnaient payaient pour lui et en son nom. Ce soin était dans les attributions de l'aide de camp de confiance Tinchika, qui avait ordre de payer sans jamais marchander. Ce Tinchika, encore simple soldat, avait sauvé la vie, dans une bataille, à Souvorow, qui n'était alors que lieutenant-colonel. Il adopta Tinchika, qui, de grade en grade, s'éleva jusqu'à la position de colonel premier aide de camp du feld-maréchal. Peu préparé à cette haute fortune, Tinchika sut toujours compenser par un entier dévouement ce qui lui manquait du côté de l'éducation.

Au reste, le colonel Tinchika n'était en réalité qu'une sorte de majordome, étranger aux choses de la guerre. Sa probité sévère, son désintéressement, son esprit juste, le rendaient précieux au feld-maréchal, qui se déchargeait sur lui des petits soucis de la vie humaine. Ce majordome n'avait pas de maison à diriger. Souvorow n'employait qu'un seul domestique, serf de l'une de ses terres, et qui reçut la liberté à la mort de son maître. Ce domestique formait à lui seul tout le personnel et tout le matériel du feld-maréchal, qui ne possédait ni voitures, ni chevaux de trait, ni même un seul cheval de selle. Quelques cosaques, soldats des régiments sous ses ordres, étaient momentanément et suivant les circonstances employés autour du maréchal. Un simple kibitk, petite charrette à quatre roues et à brancard, sans avant-train, attelée de deux chevaux de poste ou de réquisition, suffisait aux voyages et aux campagnes du maréchal. Pour le commandement des troupes, revues, manœuvres ou combats, il montait le cheval d'un Cosaque, le premier venu. Souvent aussi Tinchika lui prêtait le sien.

On n'a pas épargné à Souvorow l'accusation d'avarice; cela devait être. Il donnait peu ou point, et ne dépensait pas autant qu'un simple capitaine. Sa fortune immense augmentait dans une fabuleuse proportion. Mais, quoique le désintéressement s'allie rarement à l'avarice, Souvorow était d'un désintéressement chevaleresque. Tant qu'il n'eut pas d'enfants, le maréchal refusa constamment les bienfaits pécuniaires de l'impératrice. Après l'assaut d'Ismaïl, son armée s'empara de vingt-cinq millions, dont une forte part revenait de droit à Souvorow; il ne voulut rien accepter. Dans la campagne de 1771 contre les Polonais, le hasard fit tomber son escorte sur un faible convoi protégeant une caisse bien garnie. Souvorow délivra un sauf-conduit à l'officier ennemi en lui disant : « Ton argent te sauve, emporte-le. » Après la reddition de la citadelle de Turin, le feld-maréchal renvoya au roi de Sardaigne tous les diamants de ce prince repris à un juif qui les avait achetés à vil prix.

Le feld-maréchal était donc désintéressé ; cependant il n'éloignait pas de lui les fripons, et, tout en exprimant une haine implacable pour ceux qui dilapidaient le trésor et s'enrichissaient aux dépens du soldat, il les supportait et laissait faire le mal. Quelquefois il disait avec amertume : « Les honnêtes gens sont si rares, qu'il faut s'habituer à s'en passer quand on gouverne les hommes. » Facile et déplorable morale, triste philosophie, qui expliquerait à elle seule comment et pourquoi l'armée austro-russe qui vint nous combattre en Italie en 1799 manqua de tout et fut outrageusement trompée et volée. Le feld-maréchal Souvorow ignorait donc nos sévères principes, nos rigides traditions de délicatesse militaire. Pur en ce qui le concernait, il se croyait quitte envers sa conscience. Un exemple peindra mieux que nos paroles cette fausse idée de l'honneur militaire que le maréchal mettait en pratique.

Pendant que Souvorow était à Varsovie, en 1794, l'officier de son état-major chargé de la caisse militaire perdit au jeu soixante mille roubles (plus de deux cent mille francs) qu'il puisa dans le trésor de l'armée. Instruit de ce crime, le maréchal mande auprès de lui le trésorier coupable, et se borne à lui infliger une peine disciplinaire, comme s'il se fût agi d'une irrégularité dans la tenue ou d'une faute à la manœuvre. Mais, en même temps, Souvorow écrit à l'impératrice : « Un officier a soustrait soixante mille roubles du trésor de l'armée ; lorsque Votre Majesté recevra cette lettre, j'aurai déjà fait rétablir sur mes propres deniers cette somme dans la caisse militaire. Il est juste que je réponde des officiers que j'emploie. » Ceci est beau sans être rigoureusement juste. Mais pourquoi ne pas livrer l'officier à la justice ? Pourquoi écrire à l'impératrice, si l'État ne perd rien ? Voici un autre trait d'originalité plus piquant et qui lui fait d'honneur.

En 1796, le feld-maréchal voulut récompenser les officiers qui étaient attachés à son état-major ; il écrivit à l'impératrice Catherine II pour la prier de donner des paysans à ces officiers. Afin que la demande fût accueillie avec faveur, Souvorow fit parvenir à son gendre, le comte Nicolas Zouboff, frère du favori, la lettre destinée à Sa Majesté. Le comte mit-il peu d'empressement à seconder le généreux projet du maréchal? Nous ne savons. Mais l'impératrice ne répondit pas. Souvorow eut alors la mauvaise pensée que son gendre, dont le crédit était certain, ne voulait pas en user en cette circonstance. A cette mauvaise pensée en succéda une autre, excellente pour les aides de camp et officiers d'ordonnance du maréchal, sinon pour le comte Nicolas. Le feld-maréchal réunit ses officiers, et sans préambule, leur partagea l'une de ses terres, d'un fort bon rapport. Cela fait, il écrivit au comte Nicolas Zouboff, héritier présomptif de ladite terre : « Je vois que la demande que je faisais à Sa Majesté est indiscrète..... Je viens donc de faire entre les officiers que j'avais pris la liberté de recommander à l'impératrice, le partage d'une des terres que je tiens de ses bontés.... Je vous préviens que j'en userai ainsi à l'avenir..... Riches comme nous le sommes des bienfaits de notre souveraine, il est juste que nous partagions notre fortune avec ceux qui l'ont bien servie. »

Sa table était tellement mauvaise que les officiers la redoutaient, même en campagne. Des ragoûts cosaques, coupés d'avance en autant de parts qu'il y avait de convives, circulaient autour du cercle silencieux et résigné. Souvorow prêtait peu d'attention aux furtifs regards qu'échangeaient entre eux ses invités, car il mangeait avidement, buvait largement, et s'oubliait volontiers parmi ses mets cosaques, ses vins frelatés, son eau-de-vie russe et sa bière allemande. Tout en dépassant les bornes de la tempérance, jamais Souvorow n'allait jusqu'à l'ivresse. Si le repas se prolongeait outre mesure, une voix mâle, celle de Tinchika, prononçait ces mots : « Le repas est terminé, il faut se lever. » Souvent alors le maître reprenait : « Qui a donné cet ordre ? — C'est le feld-maréchal Souvorow qui l'ordonne. — Il faut lui obéir, » disait Souvorow ; et chacun, imitant le maréchal, se levait en silence.

Tous les repas étaient précédés du *bénédicité* et suivis des *grâces*. Le maréchal prononçait lui-même ces prières à haute voix, puis il donnait la bénédiction à ses voisins ; les convives répondaient *amen*, et le maréchal ajoutait très-sérieusement : « Ceux qui ne disent point *amen* n'auront pas d'eau-de-vie. »

Le feld-maréchal Souvorow professait avec une grande ferveur la religion catholique grecque. Il emportait partout, même en campagne, sa chapelle et ses reliques, assistait dévotement aux offices, priait publiquement soir et matin, et se levait même la nuit pour réciter à demi-voix des prières de sa composition, prières où la victoire était sans cesse invoquée. La dévotion du maréchal à saint Nicolas était voisine de la superstition et donna lieu à une foule d'anecdotes.

S'il rencontrait un prêtre, Souvorow lui demandait sa bénédiction ; à l'église, il se tournait vers ses officiers et les bénissait lui-même. Pendant la campagne de Suisse, le maréchal reçut, en arrivant à Altorf, des plaintes graves contre le curé de la paroisse ; il l'aperçoit un instant après, descend de cheval, demande au prêtre sa bénédiction, la reçoit fort dévotement, puis, appelant un digne caporal qui ne le quittait guère, il fait donner au curé cinquante coups de bâton. Pendant que le caporal frappait sur le prêtre suisse comme s'il se fût agi d'un grenadier moscovite, Souvorow expliquait à Tinchika que les respects étaient pour le ministre des autels, et les coups de canne pour le délinquant.

On devine que Souvorow était peu galant ; il professait même à l'égard des femmes une sorte de dédain philosophique dont il faisait parade. Si le hasard le plaçait à côté d'une femme, il détournait les yeux en riant, et, se faisant encore plus mince et plus petit qu'il n'était, il s'éloignait comme pour fuir le contact d'une robe. Ceci faisait partie de son rôle, car on le vit parfois presque aimable dans les salons et fort assidu auprès des femmes sérieuses qu'il jugeait dignes de sa conversation. Ses nombreuses sentences contre les femmes prenaient toutes leur source dans cette idée, fausse peut-être, que la femme amollit le cœur de l'homme et y occupe une place qui n'appartient qu'à la gloire.

S'il était peu galant, le feld-maréchal était encore moins courtisan. Ses sarcasmes contre la cour soulevèrent des rancunes vives et profondes, des haines implacables. Dans sa naïveté, il se crut assez fort pour ne pas redouter les ennemis qu'il laissait à la cour, lorsque lui partait pour la guerre. La défaveur, les disgrâces, l'exil durent le détromper sans le changer. De telles natures sont incorrigibles. Même à son lit de mort, le vieux guerrier, épuisé par la maladie, rassemblait ses forces pour narguer une dernière fois les gens de cour. Apprenant que le feld-maréchal Souvorow n'a plus que quelques instants à vivre, l'empereur Paul Ier charge l'un de ses favoris d'aller, de sa part, donner au vieux guerrier un témoignage de sympathie. Souvorow ne recevait plus ; mais en entendant prononcer le nom de l'empereur, qu'il aime et vénère, il fait signe d'ouvrir la porte de son appartement. M. de***, auquel Paul Ier avait prodigué d'immenses faveurs, entre et s'approche du chevet du mourant.

A la vue du courtisan, l'œil du maréchal s'illumine. Par un suprême effort, il se soulève, et son regard enveloppe M. de ***. Celui-ci, revêtu du costume de l'une des plus grandes dignités de l'empire, et décoré des ordres les plus distingués, s'apprête à parler au nom de l'empereur. Souvorow a connu autrefois M. de *** dans une situation fort modeste et remplissant un emploi très-inférieur. Le maréchal feint d'ignorer la grande fortune de M. de ***, il le tutoie en lui donnant l'appellation de cet ancien emploi. « Votre Excellence se trompe, répond M. de *** ; S. M. m'a nommé..... — Quoi ? dit Souvorow ; et sans laisser à M. de *** le temps de répondre, le maréchal énumère successivement des emplois peu élevés ou peu honorables. En vain le favori veut dire ce qu'il est, Souvorow l'interrompt impitoyablement. Arrêtant ses yeux sur le grand cordon bleu qui s'épanouit sur la poitrine de M. de *** : « Qu'as-tu donc là, mon cher *** ? comme te voilà fait !.... Tu portes un gilet bleu maintenant..... Ah ! il porte un gilet bleu..... » Puis sa tête retombe sur l'oreiller, il ferme les yeux et n'écoute plus M. de ***.

A cette anecdote, nous en ajouterons une rapportée par M. de Reinbeck. Aussitôt que Souvorow fut arrivé à Saint-Pétersbourg, après son exil, l'empereur le fit complimenter par son favori le comte K***. On annonce ce personnage. « K*** ? le comte K*** ? s'écrie le maréchal ; je ne connais pas de famille russe de ce nom. Au surplus, qu'il entre. »

Le comte paraît, et Souvorow lui demande son nom. Il semble étonné en l'entendant prononcer, et prie le comte de lui dire de quelle province russe il est originaire. « Je suis natif de la Turquie, répond le comte embarrassé, et c'est à la grâce du monarque que je dois mon titre. — Ah ! s'écrie Souvorow, vous avez rendu de grands services. Dans quel corps étiez-vous ? A quelles batailles avez-vous assisté ? — Je n'ai jamais servi dans l'armée, répond le comte. — Jamais servi dans l'armée ? Vous avez donc servi dans les affaires civiles ? Dans quel ministère étiez-vous ? — Je n'ai jamais été employé dans aucun ministère, ajoute le comte, mais j'ai toujours été auprès de l'auguste personne de S. M. — Ah ! mon Dieu ! s'écria Souvorow, et en quelle qualité ? » Après quelque hésitation, le comte répond à demi-voix : « J'ai été le premier valet de chambre de S. M. I. — Ah ! très-bien. » Et se tournant vers l'homme qui avait ouvert la porte : « Iwan, crie Souvorow, vois-tu ce seigneur ? il a été ce que tu es. A la vérité, il l'était auprès de notre très-gracieux souverain. Vois-tu quel beau chemin il a fait? Il est devenu comte! il est décoré des ordres de Russie! Conduis-toi bien, Iwan : qui sait ce que tu peux devenir un jour! » Nous pourrions multiplier ces exemples de sauvage indépendance, et citer des traits plus acerbes encore.

L'antipathie de Souvorow pour les courtisans prenait sa source dans un noble sentiment. En ce temps-là, et en Russie, le favoritisme était presque une forme de gouvernement. Les honnêtes consciences en éprouvaient un froissement pénible ; les natures fières se sentaient humiliées, et chacun traduisait à sa façon son mécontentement. Dans l'homme de cour, Souvorow voyait le mensonge et la cupidité. Il avait tort, sans doute ; mais le camp n'est pas une bonne école de dissimulation, et Souvorow avait toujours vécu au camp. Il n'admettait même pas ces phrases polies, convenues dans le monde, qui les accepte et les distribue sous le nom de formules. Il voulait des réponses nettes et franches à toutes les questions qu'il adressait. A tout officier qui ne répondait pas rondement, il appliquait le mot russe *niesnaïou*, qui équivaut à : *je ne sais pas ; peut-être bien ; c'est possible*. Ce langage voilé, dicté par l'intérêt, la prudence, la

3.

crainte, le désir de plaire, était aux yeux du maréchal une bassesse et une lâcheté ; ceux qui le parlaient lui semblaient tous manquer de caractère. Or, pour lui, le caractère était la base de toutes les vertus. La cour lui sembla peuplée de *niesnaïou*, et sa loyauté lui fit apparaître ce monde de courtisans comme l'ennemi le plus redoutable du souverain, trompé par le mensonge, égaré par la flatterie. Comme l'amour de Souvorow pour le souverain était un culte presque religieux, il crut servir le souverain en attaquant les courtisans.

Le feld-maréchal Souvorow, s'il n'était pas un profond politique dans l'acception moderne du mot, n'en avait pas moins analysé avec une sorte de complaisance les éléments divers de l'organisation sociale. Parmi ses théories, il en était une à laquelle il attachait un grand prix : le célibat était à ses yeux un délit envers la société, un vol fait à la patrie, une désobéissance à la loi de Dieu. « Le mariage, disait-il, est une dette que chaque fils doit payer pour être quitte envers son père. »

Souvorow paya scrupuleusement sa dette. Il épousa, en 1774, à l'âge de quarante-quatre ans, Barbe Isnowsna Prosorowska, fille du général en chef Prosorowski. Il eut de ce mariage : Arcadi Souvorow, prince Italikski, qui devint lieutenant général, et une fille qui épousa le général Nicolas Zouboff (1).

On devine les sentiments du maréchal pour sa femme. La gloire des armes lui inspirait une passion trop ardente pour qu'elle ne fût pas exclusive. Mais le feld-maréchal Souvorow ne cessa jamais d'avoir pour sa femme une sincère amitié, une grande confiance, et il l'entoura toujours d'attentions affectueuses. « Le cœur d'un homme de guerre doit rester entier, disait-il, et c'est le faire fondre que de l'exposer au feu des passions. » Il se défendait donc des tendresses les plus légitimes, les plus pures, les plus douces, comme d'autres se préservent des faiblesses. Il admettait pourtant la tendresse paternelle dans certaines limites. Un jour, au moment d'entrer en campagne, Souvorow veut revoir ses enfants ; il se détourne de sa route, arrive en poste après un long voyage, s'arrête devant son hôtel de Moscou, et se fait ouvrir sans bruit. C'était la nuit ; maîtres et serviteurs dormaient. Le maréchal arrive doucement à la chambre de ses enfants, tenant une bougie de la main

---

(1) En ce moment, le nom de Souvorow est honorablement porté par le prince de Souvorow, commandant militaire de Saint-Pétersbourg, ci-devant gouverneur général de Livonie, d'Esthonie et de Courlande.

gauche ; de la droite, il soulève les rideaux et considère dans un religieux silence ces jeunes têtes, embellies par le calme du sommeil. Sa rude figure de soldat, contractée par le froid, s'incline sur ces fronts purs, il y pose ses lèvres, et, se redressant tout à coup, il bénit ses enfants et s'éloigne avec rapidité ; franchir les escaliers, s'élancer dans sa voiture, fut l'affaire d'un instant. Il n'avait pas prononcé une parole, mais certes son cœur battait. Pour cet instant fugitif, pour cette fête mystérieuse de l'âme, pour ce bonheur qu'il connaissait à peine, Souvorow avait voyagé plusieurs jours et plusieurs nuits de suite, par un froid rigoureux, traversant des déserts.

Quelques lettres adressées à Souvorow, d'autres écrites par lui-même, sembleraient prouver que cette âme si rude n'était pas inaccessible à l'amitié. Il en est une, notamment, datée de Bucharest, 13 octobre 1790, et signée du prince de Cobourg, qui respire une chaleur amicale peu commune dans les régions officielles. Le prince, partant pour son commandement de Hongrie, adresse ses adieux à Souvorow :

... Vous seul pouvez adoucir la rigueur de mon sort en me conservant la même affection, et je vous proteste avec la plus grande sincérité que les fréquentes assurances de votre amitié sont absolument nécessaires à mon bonheur. Il m'est impossible de me résoudre à vous faire mes adieux en personne ; cela me ferait trop de mal. J'en appelle à votre propre sentiment. Ainsi je me borne à vous jurer l'amitié la plus vive ; accordez-moi la continuation de la vôtre, qui a fait jusqu'à présent les délices de ma vie militaire.

Comptez, en retour, mon très-digne ami, sur ma reconnaissance sans bornes ; vous serez toujours l'ami le plus cher que le Ciel m'ait donné.....

Il n'était donc pas aussi détaché des affections humaines, aussi égoïste que n'ont cessé de le dire ses ennemis.

Sans doute, ce caractère énergique ne se pliait nullement aux habitudes de la moderne philanthropie, dont, il faut le dire ici, les disciples sont fort rares aux armées. On est bon, on est humain, on est même charitable dans les camps : mais l'esprit militaire repousse, comme une périlleuse illusion, les principes mal définis, d'ailleurs, des philanthropes.

Souvorow disait : « J'ai trois manières de traiter l'ennemi : celui qui vient au-devant de moi et m'accueille devient mon ami, mon frère ; celui qui m'attend et capitule est mon prisonnier ; celui qui croise l'épée est mort... Par ce moyen, la terreur de mes armes diminue le nombre de mes ennemis ; un combat meurtrier en prévient plusieurs autres qui le seraient davantage. » Jamais axiome militaire ne fut plus vrai.

Un autre mot de lui nous semble d'une vérité profonde, en politique surtout. Le maréchal discutait un jour avec M. de G. D., émigré français. « Sais-tu pourquoi, dit-il à l'émigré, les Jacobins triomphent en France? C'est que leur volonté est ferme et profonde, et que vous autres, vous ne savez pas vouloir..... Pour réussir, il faut une volonté entière. »

III

Souvorow était-il aussi grand capitaine que l'ont pensé les Russes ses contemporains? Cette question mérite un sérieux examen. Lorsque l'on trace le portrait de l'illustre feld-maréchal, il faut bien dire ce que pesait son grand sabre. Turenne, Condé, Frédéric, Napoléon, portaient l'épée, qui est en quelque sorte un symbole. Souvorow traînait le sabre, instrument fort matériel du soldat ; pour le vulgaire, la différence n'est pas grande ; elle est immense pour le philosophe. Mahomet aussi avait un sabre, tandis que Washington portait l'épée. L'épée a quelque chose de divin ; elle blesse, elle tue, mais elle ne déchire pas les chairs ; elle ne mutile pas le corps, elle ne disperse pas les membres. L'épée brille à côté des balances de la justice, et la main de l'archange élève jusqu'au ciel la flamboyante lame de l'épée. Le sabre, dans son mouvement, s'incline vers la terre ; plus fortement rivé à la main que l'épée, le sabre est plus éloigné de la tête et du cœur.

Pour Souvorow, tout l'art de la guerre consistait en trois points : le tact, qui fait deviner les projets de l'ennemi ; le coup d'œil, qui fait juger le parti à prendre ; la rapidité des marches et des mouvements offensifs, qui surprennent et démoralisent l'adversaire.

Il dédaignait les détails : « J'ai fait souvent des journées de vingt lieues, disait-il ; je laisse les traîneurs derrière : tant pis pour eux, ils ne se trouvent point à la victoire. Les braves qui me suivent suffisent pour surprendre l'ennemi, le déconcerter et le vaincre. »

Peu de capitaines ont été en effet aussi prompts, aussi hardis que le maréchal Souvorow. Dans la guerre contre les confédérés de Pologne, en 1769, ses troupes parcoururent deux cents lieues en douze jours, ce qui donne en moyenne près de dix-sept lieues par vingt-quatre heures. Dans la même guerre, en 1771, la marche de son armée fut plus étonnante encore, puisque les combats se succédaient tous les trois ou quatre jours. Pendant la campagne de 1789, le prince de Cobourg, surpris par les Turcs, et au moment d'être écrasé, écrit à Souvorow pour le prier de le secourir. Celui-ci ne répond que deux mots : *Je marche.* Une heure après, ses troupes étaient en route, parcouraient vingt-cinq lieues en trente-six heures, arrivaient au pas le plus accéléré, et, sans prendre un instant de repos, attaquaient vigoureusement, et gagnaient la célèbre bataille de Foxham.

La nature avait doué le maréchal Souvorow de deux grandes qualités militaires : l'initiative et la ténacité. Il peut arriver tel jour, dans la vie des nations, où ces deux qualités militaires sauvent les empires. En approchant de l'ennemi, Souvorow promenait silencieusement un long regard sur le terrain et sur l'ordre de bataille. Sa résolution était prompte; elle était inébranlable. Sa confiance dans le succès devenait presque aveugle, et cette confiance se communiquait avec une merveilleuse rapidité. Il n'admettait pas, d'ailleurs, la moindre observation sur le terrain. Ses procédés variaient peu, il n'avait donc pas à se livrer à de longs calculs, comme les tacticiens de premier ordre. L'élan donné, il fallait vaincre ou périr. Ignorant l'art de modifier les dispositions premières, il les maintenait avec une ténacité surhumaine. La résistance que Turenne aurait évitée en changeant ses manœuvres d'après les mouvements de l'ennemi, Souvorow ne l'évitait pas; il la brisait par des coups répétés, des charges audacieuses. Calme dans le succès, il considérait ses soldats avec amour, répétant à demi-voix : « Bien ! bien ! » Mais lorsqu'un corps ébranlé commençait à ployer, Souvorow se précipitait, le sabre à la main, au plus fort de la mêlée, entraînant les grenadiers, auxquels il donnait les noms les plus flatteurs : « Mes enfants ! mes amis ! mes camarades ! suivez-moi ! en avant ! en avant ! » Il rappelait à ses soldats leurs anciennes victoires, et presque toujours les entraînait sur ses pas. Souvent, après deux ou trois échecs, il s'écriait : « Mes enfants, je veux mourir ; je ne survivrai pas à une défaite ; en avant, ou je me fais tuer ! » Alors, tous le suivaient, comme électrisés.

Dans une attaque contre les Turcs, sa principale colonne, écrasée par le feu de l'ennemi, avait été plusieurs fois repoussée. Ces attaques successives, en affaiblissant le moral de tous, semaient dans les rangs un immense découragement. Les principaux officiers de l'armée vinrent successivement supplier Souvorow d'ordonner la retraite. Chacun donnait sa raison. Les soldats épuisés ne répondaient que par cette force d'inertie, redoutable symptôme pour un chef. Tout autre aurait cédé ou discuté ; Souvorow se borne à répondre aux officiers : *Perod stoupaye* (en avant, marche) ; et, s'élançant vers les soldats, il les pousse devant lui, puis court devant eux, ordonnant, priant, exaltant, si bien que tout à coup la colonne ranimée s'élance, Souvorow en tête, tous jetant au vent de la bataille l'immense cri : *Perod stoupaye*. Les corps dispersés se rallient autour de cette colonne, et les Turcs sont vaincus.

Le soir de cette affaire, Souvorow disait à un officier : « Il faut savoir faire combattre les soldats en *désespérés ;* rien n'est plus terrible que les désespérés. » Cette parole est profonde : mais pour accomplir de tels miracles, il faut des capitaines au cœur d'acier, qui de la voix, du regard, du geste, de l'âme tout entière, s'emparent des autres et les animent de leur vie.

Après la bataille de Novi, on demandait au géréral Moreau ce qu'il pensait de Souvorow. « Que dire, répondit-il, d'un général d'une ténacité plus qu'humaine, qui périrait avec le dernier soldat de son armée plutôt que de reculer d'un seul pas ? »

Cette bataille de Novi nous rappelle un mot de Souvorow. On sait combien la victoire fut disputée. Le centre de l'armée russe, repoussé dans son attaque, était dans le plus grand désordre. Un officier accourt auprès du feld-maréchal. Oubliant qu'il parle au chef de l'armée, il s'écrie avec émotion : « Je viens vous annoncer que les Russes sont battus. — Les Russes sont battus? dit avec calme le vieux guerrier, ils sont donc tous morts? — Non, certainement, répond l'aide de camp. — Eh bien, ils ne sont donc pas battus ? » Alors, sans s'émouvoir, il ordonne au général autrichien Mélas d'attaquer le flanc des Français ; puis, se portant au centre de son armée, il y rétablit l'ordre.

Lorsqu'ils attaquèrent Lecourbe et Molitor dans les Alpes, les Russes venaient des plaines riantes de l'Italie. Surpris à la vue de ces hautes montagnes, de ces étroits passages, de ces vallées profondes, les seize mille hommes de Souvorow se sentirent envahis par une instinctive terreur. Le bruit formidable de l'artillerie française roulait comme un ouragan, et la mort qui venait de tous côtés lançait dans des abîmes sans fond les corps des soldats russes. Les avalanches engloutissaient les postes, et les sentinelles avancées ne reparaissaient plus. Saisis d'un effroi superstitieux, les régiments de

Souvorow contemplaient d'un œil hagard cette universelle désolation, et dans une muette immobilité restaient sourds à tous les ordres.

Vainement le feld-maréchal leur a-t-il adressé les discours les plus entraînants; vainement a-t-il menacé, prié, invoqué le nom de l'empereur et le nom vénéré de la vieille Russie. On ne veut plus aller, on ne peut plus aller, personne ne bouge. Souvorow, alors, appelle quatre grenadiers. Ils sortent des rangs. « Creusez une fosse, » dit-il. Et pendant que ces hommes obéissent, le feld-maréchal adresse ces paroles à la troupe : « Vous êtes donc des lâches! vous n'êtes plus mes enfants; je ne suis plus votre père..... Je vais être enterré ici, voilà mon tombeau que vous creusez, car il ne sera pas dit que vous avez fui quand votre vieux général vivait encore. »

Il fait le signe de la croix et va s'étendre dans le tombeau de neige. Surpris, émus jusqu'aux larmes, les soldats russes sortent de leur léthargie; ils se regardent, saisissent leurs armes, courent à la fosse, en arrachent Souvorow, l'enlèvent dans leurs bras, et, une fois lancés, ils ne s'arrêtent plus que pour allumer leurs feux au sommet du Saint-Gothard.

Souvorow se comparait volontiers à César, et

disait : « Je suis comme César, je ne fais point de plans partiels ; je ne vois les choses qu'en grand, parce qu'un tourbillon d'événements change toujours les plans qu'on a concertés. » Il nous revient à ce sujet un mot charmant de lui. Lorsqu'il partit pour aller prendre le commandement supérieur des armées austro-russes en Italie, le cabinet de Vienne désira connaître le plan du vieux maréchal. Il était de tradition en Autriche de faire en conseil des plans de campagne dont les généraux n'étaient que les serviles exécuteurs. Afin de rester fidèle à cette tradition, sans cependant froisser Souvorow, il fut convenu qu'il ferait le plan, et que le conseil l'approuverait. Le jeune empereur d'Autriche se chargea de demander au feld-maréchal son plan de campagne. « Je ne fais jamais de plans de campagne fixes, répondit le maréchal : le temps, les lieux, les circonstances me décident. — Il est impossible, reprit l'empereur, que vous n'ayez pas un plan de campagne. Je désire le connaître. — Si j'en avais un, dit Souvorow, je ne le communiquerais pas à Votre Majesté. Si vous le connaissiez, Sire, votre conseil le connaîtrait ce soir, et demain l'ennemi en serait instruit. »

Souvorow ne connaissait pas l'emploi de l'artillerie. Il avait étudié cependant les batailles de

Frédéric II, si grand tacticien, que toutes ses manœuvres étaient une combinaison des trois armes. Chez Souvorow, le dédain de la cavalerie et de l'artillerie était un système. « Je ne connais que la baïonnette, » répétait-il à tout propos. On l'entendait dire joyeusement : « La balle est une vieille extravagante, qui ne sait ce qu'elle fait ; la baïonnette est un jeune homme dans toute sa vigueur, plein d'activité et d'audace. » Ce dicton était d'ailleurs emprunté au maréchal de Saxe, dont on sait le mot : « La balle est folle, la baïonnette est sage. » Quelque vieille ou folle qu'elle soit, la balle est encore de nos jours fort entourée d'hommages, et le canon est plus grand seigneur que jamais. Serait-ce qu'à la guerre, la sagesse et la folie marchent de compagnie ?

Le maréchal Souvorow n'a point écrit, quoiqu'il fût convaincu que son système de guerre serait le point de départ d'une école nouvelle. Mais, s'il ne rédigea pas un corps de doctrine, les instructions qu'il donnait sans cesse, et que chaque officier devait rédiger, nous prouvent que ses idées tactiques n'avaient pas un très-grand développement.

Nous avons sous les yeux un livret de manœuvres ordonnées au camp d'instruction de Toulczine qu'il commandait en 1795. Voici le programme d'une journée :

L'armée est divisée en deux corps, qui sont censés se combattre. Le corps d'armée opposé au feldmaréchal attendait dans la plaine, bien rangé en bataille. Le maréchal avait formé le corps qu'il commandait en colonnes profondes, marchant parallèlement les unes aux autres, les têtes de colonnes à la même hauteur. L'artillerie suivait dans les intervalles des colonnes.

Lorsque Souvorow aperçut le corps qui figurait l'ennemi, il accéléra peu à peu sa marche. L'artillerie ne put suivre, et resta en arrière. L'infanterie, arrivant progressivement au pas de course, se lança baïonnette croisée sur la ligne opposée, qui dirigeait sur les assaillants un feu bien nourri, mais nullement mortel ; la ligne immobile qui tirait fut enfoncée, et l'infanterie s'amusa fort de l'embarras de l'artillerie laissée en arrière, et de la figure passablement dolente que faisait la cavalerie, qui était restée à l'horizon, attendant l'occasion que nul ne vit venir. Après cette puérile manœuvre, le feldmaréchal, tout joyeux et fier, dit à un lieutenant-colonel français au service de la Russie : « Vois, vois le cas que je fais de mes canons ; lorsque tu seras dans ton pays, n'oublie pas ce que tu viens de voir, et tâche d'en profiter. » Dieu merci, nos artilleurs n'ont point profité à l'Alma de la leçon de Souvorow.

A la bataille de Kobylka, le 15 octobre 1794, bataille gagnée d'ailleurs par Souvorow sur les Polonais, le feld-maréchal fit de sa cavalerie le plus déplorable emploi. Une partie fut embourbée dans des marais, tandis que l'autre mit pied à terre et chargea, le sabre à la main, l'infanterie embusquée dans les bois.

« Si tu avais été là, disait ensuite le maréchal Souvorow à un officier de son état-major, émigré français, tu aurais vu ce que jamais je n'avais vu : de la cavalerie ayant mis pied à terre, armée seulement de son sabre, charger une infanterie, non-seulement supérieure en nombre, mais encore retranchée au milieu des bois, et protégée par le feu de sa mousqueterie et de son artillerie. Tu aurais vu cette cavalerie à pied, malgré le désavantage du lieu, des armes et du nombre, croiser le sabre contre la baïonnette, combattre corps à corps, et vaincre. » Par de tels moyens, on peut vaincre en effet des populations armées à la hâte, sans instruction, sans discipline, et mal commandées ; mais de telles victoires sont dangereuses pour le général qui, n'ayant plus foi aux principes, se trouve fatalement entraîné aux défaites quand il vient à rencontrer des ennemis aguerris.

La bataille de la Trébia, qui décida du sort de l'Italie, est le plus beau fait d'armes de Souvorow. Il y resta fidèle à son système ordinaire d'entraînement immédiat. La place d'un général en chef, dans une grande bataille, est sur un point culminant connu de tous, d'où l'œil embrasse l'ensemble des mouvements et suit les péripéties du drame. Il est là comme la tête de cet immense corps; seul, il pense quand les autres agissent. Or, voici ce que fit Souvorow à la Trébia. Le fleuve séparait les deux armées. Le feld-maréchal envoie l'ordre à un corps de cavalerie autrichienne de passer la rivière; car, en ce jour, la cavalerie lui semblait bonne à quelque chose. Surpris de voir que son ordre n'est pas exécuté, le vieux général russe s'élance au galop, arrive ventre à terre au chef de la cavalerie autrichienne, et témoigne son mécontentement de ne pas le voir déjà sur la rive opposée, enlevant les positions françaises. « Nous attendons les pontons, dit l'officier autrichien. — Vous attendez les pontons! s'écrie Souvorow : qu'on aille me chercher un régiment de Cosaques. » Un aide de camp part et revient avec les Cosaques lancés à toute bride. Souvorow met le sabre à la main, se place devant les Cosaques, fait entendre son cri de bataille ordinaire : En avant! marche! marche! marche! et, s'élançant dans le fleuve, il traverse la Trébia à la nage, attaque la position, l'enlève avec ses Cosaques, et dit à l'un de ses officiers : « Allez dire à messieurs les Autrichiens comme on passe les rivières en Russie. » Sans doute, ce n'est pas là une conduite conforme aux règles ordinaires, mais cette vigueur, ce courage, cet élan chez un vieillard de soixante-dix ans, sont admirables; c'est ainsi qu'on force la victoire.

En paix comme en guerre, le maréchal tenait ses troupes en haleine. Sévère sans dureté, indulgent sans faiblesse, ami de la règle, mais dédaignant les minuties, il ne vivait que pour ses soldats. Veillant à leurs moindres besoins, leur rendant justice, il les considérait comme ses enfants, et tous le chérissaient comme un père. Peu d'hommes ont réuni autant de qualités militaires que Souvorow; on peut presque dire qu'il les possédait toutes à des degrés divers. Peut-être, si, à ses débuts, il eût trouvé devant lui des armées manœuvrières, ses talents se seraient-ils élevés jusqu'au génie des plus grands hommes de guerre. On pourrait d'autant mieux le supposer, que la campagne d'Italie est supérieure à ses campagnes précédentes.

Le grand Frédéric disait des soldats russes : *Il est plus facile de les tuer que de les vaincre.* Un autre célèbre capitaine a dit : *Il faut deux coups pour mettre un soldat russe à terre, le premier coup pour le tuer, le second pour le faire tomber.* Ces paroles peignent à merveille le solide instrument de guerre que Souvorow avait en main ; il le connaissait, et peut-être trouva-t-il meilleur de l'employer comme il le fit que de chercher à le modifier. L'assouplissement n'aurait-il pas diminué la force de résistance ?

Mais nous comprenons difficilement les instructions tactiques données, en temps de paix, par Souvorow à ses troupes. L'application en serait même dangereuse en France ; l'intelligence de notre soldat lui fait saisir tout d'abord ce qui, dans l'enseignement, est affaire de paix et affaire de guerre. Il sait à merveille que tout ne se passe pas sur un champ de bataille comme sur un terrain de manœuvre. Souvorow, qui n'admettait pas cette différence, ne demandait pas à son soldat un grand effort d'intelligence : il voulait seulement qu'il eût bonne mémoire.

Le maréchal formait avec ses troupes deux lignes parallèles se faisant face ; puis il ordonnait la charge.

Infanterie contre infanterie, cavalerie contre infanterie ou contre cavalerie, ne simulaient pas la charge, mais l'effectuaient réellement, la baïonnette croisée et le sabre haut, les chevaux à toute vitesse. Au moment du choc, les baïonnettes s'élevaient, et chaque homme effaçait l'épaule droite, afin que, dans l'intervalle des files, le vis-à-vis pût passer. On conçoit combien de chocs et de blessures résultaient de cette méthode, surtout dans la cavalerie, malgré l'ordre donné aux ailes d'obliquer pour desserrer les files. Pendant ce passage un peu rude, le canon tonnait, afin de produire beaucoup de fumée. Les soldats s'habituaient ainsi au mouvement, au bruit et à l'aspect de la bataille. Les hommes faisaient feu, criant : *Hurra! hurra!* et les officiers criaient plus fort encore : Sabrez! frappez de la baïonnette !

Accoutumer le soldat à la bataille était le seul but de Souvorow. Quelques bras ou jambes brisés au milieu de cette fumée et de ces clameurs sauvages donnaient à la chose plus de couleur locale. Lorsque ces exercices avaient été bien exécutés le jour, on les répétait la nuit; puis, par une progression logique, on renouvelait la même opération sur des terrains de plus en plus accidentés. Lorsqu'il pleuvait ou neigeait, lorsque le terrain devenait impraticable, on revenait à la leçon sans rien modifier. Ces méthodes d'instruction ont créé d'excellents soldats pour la Russie ; mais les nôtres font un appel plus direct à l'intelligence, parlent mieux à l'âme, font vibrer les cœurs et donnent à la France de bons résultats.

Cependant, en perfectionnant les corps, Souvorow aurait aimé à réveiller les âmes. Dans ce dessein, il parlait souvent à l'intelligence de ses soldats par des harangues à l'antique. Quelques-uns les trouvaient un peu longues et diffuses, mais tous écoutaient ; et si l'on ne comprenait pas toujours, la discipline obligeait à prêter l'oreille. Toute revue, toute parade était suivie d'un discours sur les devoirs de l'officier et du soldat. Les manœuvres récentes devenaient l'objet de commentaires et de justes critiques. Tel corps avait commis une faute, tel autre s'était montré parfait. Le chapitre de la guerre venait aussi, grave chapitre que les préceptes du feld-maréchal s'efforçaient de rendre familier à tous. Sa voix avait peu d'étendue, et ses phrases entrecoupées ne parvenaient qu'à quelques hommes du premier rang. Il le savait et ne s'en souciait pas autrement. « Que vingt soldats m'entendent, cela suffit, disait-il ; ils répéteront aux autres le soir, et les réflexions feront le tour de l'armée. » Ces discours augmentaient singulièrement la popularité du maréchal. Ils étaient empreints d'une telle paternité, que, même sans en comprendre le sens, le soldat sentait bien qu'il y avait là un amour sincère et vrai. Le maréchal grondait en bon père, caressait avec une excessive habileté, mais sans faiblesse. Les harangues de Souvorow duraient une heure ou deux. La race slave est moins impatiente que la race latine. En voici un exemple pris entre mille :

Par une froide journée de janvier, dix mille hommes étaient réunis sur la place d'armes de Varsovie. Il était onze heures. Le feld-maréchal Souvorow commençait la parade. De mémoire moscovite, on n'avait ressenti un tel froid. Glacés par le givre, les lèvres bleues, les yeux humides, les moustaches couvertes de glaçons, ces malheureux soldats, immobiles comme des statues, soutenaient avec peine les fusils dans leur main paralysée. Vêtu de sa veste de basin blanc, le maréchal examinait homme par homme des pieds à la tête. Lorsqu'il eut tout vu, il fit former le carré, et commença une harangue. Quelque impassible que soit un grenadier russe sous les armes, le feld-maréchal ne tarda pas à s'apercevoir que les auditeurs trouvaient le discours un peu long. Il entrecoupa une phrase, et, comme entre deux parenthèses, il plaça négligemment cette terrible annonce : « Mes bons amis, je n'en ai plus que pour deux heures. » Et il tint parole ! Lorsque le défilé fut terminé, le maréchal, se retournant vers son état-major, ajouta philosophiquement : « Il est probable que beaucoup d'officiers vont avoir de gros rhumes ; mais ces rhumes les préserveront de rhumes plus gros encore qu'ils auraient eus à la première campagne. »

On a reproché à Souvorow de ne jamais exécuter les ordres qu'il recevait de la cour. Un général en chef qui est sur les lieux, qui connaît la situation vraie de son armée et de l'armée ennemie, est quelquefois meilleur juge d'un parti à prendre que ne le sont les membres d'un conseil éloigné, auxquels mille circonstances doivent nécessairement échapper. Plus le général en chef est fortement trempé, plus il a de lumières, et plus aussi il est disposé à ne pas chercher loin de lui ses inspirations ; mais il ne faudrait pas confondre cette initiative avec l'indiscipline. Souvorow a dicté ceci à l'un de ses aides de camp : « Lorsque ma souveraine me fait l'honneur de me donner ses armées à commander, elle me croit capable de les conduire à la victoire ; et comment peut-elle juger mieux qu'un vieux soldat comme moi, qui suis sur les lieux, du chemin qui peut les y mener? Aussi, lorsqu'elle m'envoie des ordres qui sont contraires à ses véritables intérêts, je crois qu'ils lui ont été suggérés par des courtisans ses ennemis, et j'agis conformément à ce qui me paraît le plus utile à sa gloire. » Telles étaient les idées de Souvorow : elles ne sont pas sans dangers, il faut le reconnaître.

Au reste, nous ne discutons pas les accusations dirigées contre lui pour indiscipline ; nous nous contenterons d'examiner sa vie, et le lecteur absoudra ou condamnera. Rapportons d'abord un fait qui ne manque pas de gravité. Souvorow n'était encore que général-major lorsqu'il commit un acte de désobéissance, pendant la campagne de 1771. Placé à la tête d'un petit corps de troupes, il apprit que le comte Oginski, grand-maréchal de Lithuanie, formait une confédération à Stalowitz ; il avertit le maréchal Boutourline, général en chef de l'armée russe, et demanda en même temps l'ordre d'aller attaquer Oginski. L'extrême prudence du maréchal Boutourline l'empêcha d'accepter la proposition de son lieutenant ; il répondit donc que les troupes sous les ordres de Souvorow n'étant pas assez nombreuses, il fallait attendre des renforts qu'il s'empresserait d'envoyer, mais que, jusque-là, il défendait expressément le moindre mouvement. Le mieux était d'obéir : Souvorow n'en fit rien. Au moment où la défense du maréchal Boutourline lui parvenait, de nouveaux renseignements apprirent à Souvorow que le grand-maréchal Oginski venait de battre complétement le régiment de Pétersbourg, lui prenant 500 prisonniers, 15 officiers et deux canons ; de plus, le grand-maréchal de Lithuanie marchait à la tête de 5,000 Polonais et de douze pièces de forte artillerie. Avant très-peu de jours cette confédération devait former une armée, capable d'enlever les détachements russes dispersés en Pologne, avant qu'ils pussent se réunir. Souvorow n'a que 1,000 hommes sous la main ; mais le temps presse, les circonstances sont critiques : il ne consulte personne, et part de Lublin. Après deux heures de marche, il dit à un officier de confiance : « Sauvons d'abord l'armée russe, et, s'il le faut, je payerai ensuite de ma tête ma désobéissance. » En quatre jours de marches forcées il parcourt cinquante lieues, arrive le soir du quatrième jour en vue de l'ennemi, fait faire l'appel, et n'a plus que 850 hommes ; n'importe, il faut attaquer. La nuit est venue, l'ennemi se garde mal, les Russes croisent la baïonnette et dispersent tout ; à minuit, ils s'emparent de la ville de Stalowitz, et ils prennent position, pendant que les Polonais se reforment dans la plaine. Dès que le jour paraît, Souvorow, à la tête de sa petite troupe, réduite à moins de sept cents combattants, attaque le corps du grand-maréchal Oginski. Le combat est vif, disputé avec désespoir. Souvorow est vainqueur. Toute l'artillerie et un immense butin tombent en son pouvoir; la confédération est détruite. Alors il écrit au maréchal Boutourline : « Comme militaire, j'ai désobéi ; je dois être puni, et je vous envoie mon épée ; mais comme Russe, j'ai fait mon devoir en détruisant les forces des confédérés, auxquelles nous n'aurions pu résister, si elles avaient eu le temps de se réunir. »

Le maréchal Boutourline apprit en même temps l'acte de désobéissance et le succès. Comme toutes les natures trop circonspectes, il ne sut quel parti prendre, et demanda des ordres à l'impératrice. Souvorow reçut lui-même la réponse de sa souveraine : « Comme votre chef, le maréchal Boutourline doit vous mettre aux arrêts, pour punir la faute du militaire insubordonné ; mais comme votre souveraine, je me réserve le plaisir de récompenser le zèle du sujet fidèle qui, par une action éclatante, a bien servi son pays. » Souvorow recevait en même temps l'ordre de Sainte-Anne et de nombreux bienfaits de Catherine.

De tels faits, s'ils se répétaient, amèneraient plus de défaites que de victoires. Le militaire doit obéir ; cependant Souvorow devait donner plus d'une fois encore l'exemple d'une heureuse désobéissance. Ainsi, au siége d'Ismaïlow, tout était prêt pour l'attaque de la place, mais le prince Potemkin, feld-maréchal, commandant en chef, considérant les forces énormes des Turcs et le petit nombre de troupes russes, envoya à son lieutenant l'ordre formel de lever le siége. On annonce à Souvorow qu'un officier, porteur de dépêches du général en chef, demande à lui remettre une lettre extrêmement urgente. Souvorow, que des lettres précédentes ont averti des intentions de Potemkin, ne doute pas que l'officier ne soit porteur d'un ordre de départ. Il fait placer un cheval en travers de la porte de sa tente, et dit qu'il va sortir ; en effet, il passe brusquement devant l'aide de camp du général en chef, feignant de ne pas le voir. L'officier accourt, ses dépêches à la main, mais Souvorow est à cheval et s'éloigne au galop. Les 22,000 hommes qu'il a sous ses ordres sont réunis ; on donne l'assaut à cette ville, défendue par 43,000 Turcs et armée de 232 canons. Le combat dure dix heures, avec un acharnement sans exemple ; les Turcs perdent

34,000 hommes, et le reste de la garnison se rend. Ce sont de ces combats de géants qui décident du sort des empires.

Tout était terminé, et Souvorow, entouré de son état-major, retournait à son camp, lorsqu'il aperçoit l'aide de camp de Potemkin. « *Schto ti brath?* » (qui es-tu, frère?) lui dit-il. — Je suis, répond l'officier, l'aide de camp du prince Potemkin, qui apportait hier les dépêches importantes du général en chef. — Comment! s'écrie Souvorow avec une feinte colère, tu me portes des ordres de ma souveraine, tu es ici depuis hier, et tu ne m'as rien remis! » Il arrache les dépêches des mains de l'officier, rompt le cachet, remet la lettre au général qui était le plus près de lui en disant : « Lisez tout haut. » Lorsque la lecture fut achevée, Souvorow fit le signe de la croix, et se tournant vers le groupe qui l'accompagnait : « Grâce à Dieu, Ismaïlow est pris; sans cela j'étais perdu. » Et il se mit à rire. Descendu de cheval, il adressa à Potemkin cette réponse si connue : « Le drapeau russe flotte sur les remparts d'Ismaïlow. » A cette dépêche laconique, ajoutons un trait du même genre. Le marquis de Châteller, pendant le siége de Turin, lui annonça l'arrivée du courrier de Vienne : « Général, répondit-il, mettez les dépêches dans votre poche, nous les ouvrirons lorsqu'il ne restera plus d'ennemis devant nous. »

Une accusation plus grave encore que celle d'indiscipline pèse sur la mémoire du maréchal Souvorow : les historiens semblent d'accord pour le dire cruel. Si l'on suit le maréchal de campagne en campagne, de bataille en bataille, on ne s'arrête qu'une fois devant un tableau plus sanglant que ne l'exigent les nécessités de la guerre. Partout ailleurs, le maréchal va, il est vrai, droit au but qu'il veut atteindre, sans se préoccuper des obstacles. Il avait en cela son système, et prétendait que rien ne coûte plus cher que l'indécision. Les actions se renouvellent, disait-il, se prolongent, et ne sont décisives qu'après épuisement. » Beaucoup de gens de guerre savent par une cruelle expérience que le sang qui coule un jour épargne le sang qui coulerait en plus grande abondance le lendemain. En d'autres termes, pour éviter un petit combat, on est amené à livrer plus tard une grande bataille. Les ennemis du feld-maréchal Souvorow ont beaucoup parlé de la prise de Varsovie. Que fit le maréchal en cette circonstance ? A la tête de 23,000 hommes, il arriva, le 22 octobre 1794, devant le faubourg de Praga, que la Vistule sépare de Varsovie. Bien fortifié et défendu par 30,000 Polonais, ce faubourg était armé de 104 pièces de canon, et soutenu de plus par le feu croisé de l'artillerie de la ville.

Souvorow comprit tout d'abord que la prise de Varsovie terminerait la guerre. En se prolongeant, cette guerre eût fait de la Pologne une ruine immense. Dans le double intérêt de la politique et de l'humanité, il fallait ne pas prolonger la lutte. Un siége devait être long, difficile, incertain. Le feld-maréchal prit son parti. Son armée occupa des positions comme pour un siége en règle. La tranchée fut ouverte à quarante toises des fortifications, et les assiégés calculaient déjà le temps approximatif du siége. La nuit vient. Souvorow réunit silencieusement son armée, forme sept colonnes d'attaque, et les Russes, munis d'échelles, s'approchent des remparts. Un seul pont réunit le faubourg de Praga à la ville de Varsovie. Ce pont est en bois. Souvorow le sait. Il donne à son artillerie l'ordre de foudroyer le pont et de le rompre dès le commencement de l'assaut. Pourquoi? Était-ce pour empêcher les défenseurs de Praga de se retirer dans Varsovie, ou bien pour empêcher les secours d'arriver de Varsovie à Praga? Non. C'est que le vieux maréchal n'ignorait pas que le soldat russe, maître de Praga, se précipiterait sur Varsovie, et que, dans la fureur et le désordre, la capitale serait infailliblement livrée aux horreurs d'une prise d'assaut, la nuit, par une armée en délire. Le pont s'écroula en effet sous les projectiles russes, pendant que les soldats de Souvorow enlevaient le faubourg de Praga. Cette nuit fut horrible. Les flammes de l'incendie s'élevaient de toutes parts, jetant de sinistres lueurs sur des massacres sans fin. Il fut impossible d'arrêter à temps le soldat russe; tous les instincts de la barbarie s'étaient réveillés. Le jour éclaira l'affreux spectacle de quinze à vingt mille cadavres encombrant les rues, les maisons, les places publiques. Cela était hideux; mais, si le pont n'eût pas été rompu, Varsovie entière eût été traitée de la même façon.

Le lendemain de la prise de Praga, des envoyés de Varsovie se présentent pour traiter. Intimidés par la réputation de cruauté faite au maréchal, ils restent muets. Souvorow, qui était assis, se lève brusquement, s'élance au-devant d'eux, jette son sabre, et, mettant un pied dessus, il s'écrie : *Pakoï! pakoï!* (la paix! la paix!) Il serre les envoyés dans ses bras, les fait entrer sous sa tente, s'asseoit à terre à côté d'eux, et dit : « Je ne suis pas venu ici pour vous égorger; faites les conditions que vous voudrez, je les accepterai. » Lorsque, sept jours après, il fit son entrée dans Varsovie, les magistrats lui apportèrent les clefs de la ville. « Dieu tout-puissant, s'écrie le feld-maréchal, je vous remercie de ne m'avoir pas fait payer les clefs de cette place aussi cher que..... » Sa voix expira, pendant que ses yeux se tournaient vers les silencieuses ruines du faubourg.

IV

Il nous reste, non pas à raconter, mais à expliquer la dernière campagne du feld-maréchal. La rivalité des généraux russes et autrichiens, la politique si différente des deux empires, troublèrent ce vieux guerrier peu fait aux habitudes diplomatiques ; il s'en indigna d'abord, puis se découragea. Les plaintes, les accusations, les récriminations, les défaveurs de la fortune le rendirent embarrassant, puis impossible. Les historiens n'ont pas présenté sous leur véritable jour les causes de la retraite de Souvorow. Pour éclaircir cette partie de sa carrière, il faut recourir aux correspondances de l'état-major général russe. Ces lettres expriment mieux que les plus habiles commentaires la profonde mésintelligence qui séparait les Russes des Autrichiens.

On connaît cette campagne de 1799, éternelle gloire de Masséna et de ses lieutenants, et, il faut bien le dire aussi, gloire trop méconnue du général Moreau. Qui n'a lu les beaux récits de M. Thiers ? Nul n'oserait les refaire ; mais il est permis de les compléter par des documents authentiques. Si la réputation de Souvorow était terrible, celle de son armée ne l'était pas moins. Le bruit des victoires des Russes sur les Turcs et sur les Polonais avait eu un effrayant retentissement jusque dans le midi de l'Europe. Nos vieux fantassins de la guerre de Sept ans avaient raconté d'étranges histoires sur ces hommes du Nord, géants presque sauvages. Il faut reconnaître que l'armée russe justifia sa réputation, et si, après de brillantes victoires, elle éprouva des revers, ce ne fut ni sa faute ni celle de son chef.

Souvorow faisait le siège de la citadelle de Tortone lorsque l'ordre lui parvint, le 1er septembre, de quitter l'Italie. Ses remontrances au cabinet de Vienne furent inutiles. De sérieuses difficultés s'étaient déjà élevées entre le gouvernement autrichien et le feld-maréchal au sujet du retour du roi de Sardaigne dans sa capitale. L'Autriche s'opposait à ce retour, que le maréchal russe désirait vivement. Ce ne fut pas sans de profonds regrets que Souvorow quitta l'Italie pour se conformer aux ordres de la cour. Il désapprouvait hautement, et en termes très-vifs, le plan de campagne qui lui était envoyé par l'Autriche. L'avant-garde de son armée se mit en marche le 8 septembre pour se diriger vers la Suisse. Le 25, cette armée combattait dans les Alpes.

Souvorow, en défaveur à Vienne, était en grande faveur à Saint-Pétersbourg. L'empereur Paul Ier lui écrivit à la fin de septembre :

Vous avez vaincu partout l'ennemi de la patrie; il ne vous restait qu'une espèce de gloire à conquérir, celle de dompter la nature. Actuellement, elle a aussi fléchi sous votre bras. Par les nombreuses victoires que vous avez remportées sur l'ennemi de la foi, *vous avez aussi écrasé la fourberie, son alliée, qui s'était, par méchanceté et jalousie, armée contre vous.* Je vous récompense actuellement d'après la mesure de ma reconnaissance, et je suis persuadé qu'en vous portant au plus haut degré de gloire qui soit réservé à l'honneur et à l'héroïsme, j'élève le premier des généraux du temps présent et passé.

PAUL.

A cette lettre était joint l'ukase de l'empereur Paul qui nommait le feld-maréchal Souvorow généralissime de toutes les armées russes, dignité qui n'avait été remplie jusque-là que par le prince Menzikoff et le duc Antoine de Brunswick. Cet ukase ordonnait que l'on rendît au feld-maréchal généralissime, prince Souvorow, les mêmes honneurs qu'à l'empereur, et *qu'il fût regardé comme le plus grand capitaine de tous les temps et de tous les pays du monde*. Malgré cette prescription, l'histoire n'a pas inscrit le nom de Souvorow à côté des noms d'Alexandre, d'Annibal, de Gustave-Adolphe, de Turenne et de Napoléon.

Deux officiers de l'état-major particulier du maréchal Souvorow avaient réuni de nombreux documents qui devaient servir à la défense de leur général, au moment de l'éclatante disgrâce qui suivit de près l'ukase que nous venons de rappeler. Nous trouvons dans les papiers de ces officiers la preuve écrite que, dès l'ouverture de la campagne de 1799, en Italie, Souvorow avait, *au nom de son souverain*, demandé à la cour de Vienne que les frères de Louis XVI vinssent à l'armée austro-russe, combattre avec leurs défenseurs. Il demandait, en outre, et en son nom, que l'un de ces princes fût placé auprès de lui. La cour de Vienne se serait opposée à ce projet, que les princes français n'adoptaient pas d'ailleurs avec un grand empressement. Le cabinet autrichien se serait également opposé à la rentrée des divers souverains d'Italie dans leurs États. Souvorow, avec une franchise toute militaire, accuse hautement l'Autriche de vouloir s'*approprier* l'Italie ; le mot est moins courtois dans la lettre que nous avons sous les yeux. Une autre lettre de lui dénonce à l'empereur Paul Ier le projet formé, dit-il, par la cour de Vienne de traiter en secret d'une paix isolée avec la France. Il prévoyait que, dans ce but, on éloignerait les Russes en les jetant vers la Suisse. Dans son indignation, il ne ménageait pas l'Angleterre ; il écrivait à l'empereur Paul :

Lord Mulgrave m'avait promis que le ministère anglais ne pensait pas à faire venir les troupes de Votre Majesté en Suisse avant que l'archiduc eût chassé l'ennemi de ce pays ; il m'avait encore dit que M. de Thugut (1) avait formellement assuré le ministre anglais à Vienne que l'archiduc ne quitterait pas la Suisse, et qu'il avait écrit à ce prince. Cependant, il se laissa tromper avec cette promesse, qui procura assez de temps à l'archiduc pour évacuer la Suisse.....

Dans une autre lettre adressée à l'empereur de Russie, Souvorow s'exprime ainsi :

Lorsque, le 1er septembre, M. de Thugut me sépara, à

---

(1) Premier ministre de l'empereur d'Autriche.

Tortone, de l'armée autrichienne, je demandai au général Mélas un nombre considérable de mulets; il ne me donna que ce dont j'avais besoin pour transporter ma grosse artillerie, et me refusa le reste, en m'assurant que je trouverais à Bellinzone tout ce qu'il me faudrait. Arrivé là, je ne trouvai rien de ce qu'on m'avait promis. Le général autrichien Tiller et ses commissaires nous trompèrent d'une manière abominable.....

Peu de jours après, Souvorow, au comble de l'irritation, écrit lui-même aux agents des cabinets de Londres et de Vienne :

J'ai quitté l'Italie plus tôt que je n'aurais dû; mais je me conformais à un plan général que j'avais adopté de confiance plutôt que de conviction. Je combine ma marche en Suisse, j'en envoie l'itinéraire, je passe le Saint-Gothard, et je franchis tous les obstacles qui s'opposent à mon passage; j'arrive au jour indiqué à l'endroit où l'on devait se réunir à moi, et tout me manque à la fois. Au lieu de trouver une armée en bon ordre et dans une position avantageuse, je ne trouve plus d'armée. La position de Zurich, qui devait être défendue par 60,000 Autrichiens, avait été abandonnée à 20,000 Russes. On laisse cette armée manquer de vivres : Hotze (1) se laisse surprendre; Korsakow se fait battre; les Français restent maîtres de la Suisse, et je me vois, seul avec mon corps de troupes, sans artillerie, sans

---

(1) Commandait un corps d'Autrichiens et de Suisses insurgés. Masséna le battit complétement. Hotze périt dans l'action.

5.

vivres ni munitions, obligé de me retirer chez les Grisons pour rejoindre des troupes en déroute. On n'a rien fait de ce qu'on m'avait promis.

Un vieux soldat comme moi peut être joué une fois: mais il y aurait trop de sottise à l'être de nouveau. Je ne puis plus entrer dans un plan d'opérations dont je ne vois sortir aucun avantage. J'ai envoyé un courrier à Pétersbourg ; je laisserai reposer mon armée, et je ne ferai rien avant d'avoir reçu les ordres de mon souverain.

Ces détails historiques mettent en relief le côté sérieux de la figure de Souvorow. Jamais il ne s'était trouvé aux prises avec de telles difficultés ; jamais sa bouillante ardeur n'avait rencontré de plus redoutables adversaires, et il pouvait se plaindre à bon droit de n'avoir pas été secondé. La politique et la diplomatie l'enlacèrent dans leurs liens. Tout étourdi de tant de choses nouvelles, il tomba pour ne plus se relever. L'âge d'ailleurs était venu, et la disgrâce ne tarda pas à venir. Il avait complétement rompu avec l'Autriche en l'accusant de vouloir le partage de la France, tandis que la Russie, disait-il, ne voulait que le rétablissement de l'antique monarchie et de la foi.

Vieillard septuagénaire, courbé par le malheur, il revint tristement dans la capitale de l'empire russe. L'empereur ne voulut même pas le voir, et la cour, qu'il avait humiliée, se réjouit de son humiliation. Peu de mois après, il mourut à Pétersbourg, pendant l'été de 1800; le chagrin tua cet homme que la guerre n'avait pu abattre.

Le voyageur qui traverse la place Czaritzine-Longue, non loin du palais Saint-Michel, s'arrête entre un obélisque et une statue. L'obélisque rappelle la mémoire du Maréchal Romanzoff; la statue est celle du feld-maréchal Souvorow, l'homme aux soixante-trois batailles.

La reconnaissance des souverains a été le chercher dans la tombe. Inhumé sous les voûtes de l'église Saint-Alexandre Newski, sépulture des empereurs et des impératrices depuis Pierre le Grand, le corps de Souvorow repose dans cette demeure avec les maîtres de toutes les Russies. Il est le seul de leurs sujets qui ait obtenu cet honneur.

Malgré les oppositions trop brusques d'ombre et de lumière, le portrait de Souvorow nous semble digne d'occuper une belle place dans les galeries militaires. Il eut de grandes qualités et de grands défauts. Les défauts furent de son époque et de son pays, tandis que les vertus étaient à lui. Si nous ne lui accordons pas la plénitude de la science acquise et de génie dont la réunion fait les généraux de premier ordre, nous reconnaissons cependant qu'il rendit à son pays autant de services de guerre que l'aurait pu faire un génie complet. Il conquit des provinces, remporta des victoires, calma les insurrections, et contribua puissamment à la grandeur de l'empire.

Nullement courtisan, d'une probité à toute épreuve, sans orgueil et sans faste, Souvorow a été un bon modèle, en un temps et en des lieux où de tels modèles étaient rares. Il a aimé le soldat de toutes les puissances de son âme ; et, pour ce seul amour nous lui pardonnerions beaucoup ; car cet amour implique l'amour de l'humanité pure et simple, bonne et forte, noble et dévouée. Il a été courageux, et le courage n'habite que les nobles cœurs ; il a été gai, et la gaieté est compagne des honnêtes consciences ; il a été actif, et l'action fait la vie utile. Mais sa grande vertu fut le patriotisme. Il était fier d'être Russe ; il aimait la Russie avec idolâtrie ; il s'agenouillait devant le drapeau de son pays. Admirons le patriotisme partout : c'est la vertu des armées.

LE

COMTE DE GUIBERT

GÉNÉRAL ET ACADÉMICIEN.

> Je ne sais si M. de Guibert sera un Turenne ou un Corneille, mais il me paraît fait pour être grand en quelque genre qu'il travaille. (VOLTAIRE.)
>
> L'*Essai général de Tactique* du comte de Guibert est un livre propre à former de grands hommes. (NAPOLÉON 1ᵉʳ.)
>
> Les ouvrages militaires de M. Guibert sont mes compagnons de guerre. (WASHINGTON.)
>
> Je mets l'*Essai de Tactique* de M. le comte de Guibert dans le très-petit nombre de livres dont je conseille la lecture à un général. (LE GRAND FRÉDÉRIC.)
>
> Esprit médiocre, sans talent, mauvais poëte, écrivain de régiment, âme lâche, perfide cœur! de sa *Tactique* rien ne reste ; de sa tragédie rien n'est resté..... Il fait des vers de quatorze syllabes, des vers de grand seigneur. (JULES JANIN.)

I

Quelle idée peut-on se former du comte de Guibert? Le grand Frédéric a dit qu'il était de taille à arriver à la gloire par tous les chemins, et Voltaire l'a proclamé homme de génie ; mais ses ennemis, très-ardents et très-nombreux, ont affirmé que M. de Guibert ne méritait ni estime ni admiration. Ils ont donné de lui un portrait si affreux, qu'on est tenté de le haïr ; il a, nous assure-t-on, fait mourir de douleur mademoiselle de Lespinasse, cette femme *née avec des nerfs prodigieusement sensibles* (1), cette femme à *la tête la plus vive, à l'âme la plus ardente, à l'imagination la plus inflammable qui ait existé depuis Sapho* (2).

De ces avis opposés, lequel faut-il croire ? devons-nous aimer et admirer le comte de Guibert ? devons-nous le maudire et l'oublier ? C'est la question que nous avons voulu résoudre en cette étude, qui n'est ni un éloge, ni une critique.

Écrivain distingué, membre de l'Académie française, officier général, homme de haute naissance, célèbre par des succès à l'armée et des succès de salon, M. de Guibert est certainement l'une des remarquables figures de la fin du XVIIIe siècle. Il est rare qu'un véritable homme de guerre, un militaire sérieux, voué à l'art et à la science, un officier commandant à des soldats, vienne occuper un fau-

---

1) Grimm.
(2) Marmontel.

teuil à l'Académie française. Un homme d'épée est parfois savant, il est rarement littérateur. Pourquoi? c'est que l'étude qui conduit à la science ne trouve pas le style. La vocation littéraire est un don naturel. On naît pour ainsi dire écrivain, on devient savant. Sentir les idées naître en soi, trouver sous sa plume l'expression vraie de ces idées, les présenter sous leurs aspects les plus riches, se passionner pour les créations de l'esprit, pour les inspirations de l'âme, pour les élans du cœur, c'est avoir la vocation littéraire. La vocation scientifique a aussi ses enthousiasmes, mais le plus souvent elle les absorbe intérieurement et les domine.

Guibert eut en même temps la vocation littéraire et la vocation scientifique. Il fût poëte et penseur. Cependant Guibert est entré au service militaire à l'âge de treize ans : il n'avait donc rien appris. Nous trouvons dans l'*Éloge du chancelier de l'Hôpital*, par Guibert, une phrase utile à rapporter ici, car elle servira au développement d'une pensée qui, au premier abord, peut sembler fausse. « Si l'on arrangeait soi-même sa destinée, le premier bonheur par lequel il faudrait commencer sa vie, serait celui de naître d'un père éclairé et vertueux : car, à ce bonheur, en tient presque toujours un autre bien important, celui de recevoir une bonne éducation et d'avoir sous les yeux les préceptes réduits en exemple. » Ainsi présentée, la pensée n'a rien d'étrange, mais en nos temps modernes, les sceptiques ont dit en souriant : *Un gentilhomme sait tout sans avoir rien appris.* Le gentilhomme savait, sinon tout, du moins beaucoup, par les traditions de famille, par l'éducation et par les exemples. Dès le berceau, l'enfant était entouré de maîtres invisibles, qui lui inculquaient les leçons du foyer domestique. On ne lui enseignait pas le respect, il le respirait dans l'atmosphère de la maison ; on ne lui disait pas ce qu'était l'autorité, il la voyait partout. Les vieillards qui avaient servi le pays sous les règnes précédents racontaient l'histoire du passé ; les pères qui servaient encore enseignaient le présent et ne doutaient jamais de l'avenir. Tout le monde servait alors, car le mot *service* exprimait l'idée de dévouement et de sacrifice. Les femmes, dans les salons, étaient en quelque sorte les dépositaires de la chevalerie modifiée par la civilisation, mais toujours fidèle à sa vieille devise, l'*honneur*. Ces femmes, qui ne savaient pas même l'orthographe, enseignaient l'art de bien dire et de bien faire, formaient les grands cœurs, les belles intelligences, et tout naturellement écrivaient ces délicieuses lettres que nous relisons sans cesse aujourd'hui !

C'est ainsi que se préparaient à la vie ces illustres magistrats, ces braves capitaines, sortis, pour la gloire de la France, des modestes manoirs de province. Nous venons d'indiquer ce qu'ont pu être l'enfance et la jeunesse de Guibert; il ne reçut point d'instruction, mais beaucoup d'éducation. Nous verrons que plus tard l'instruction lui vint, mais avec elle les doutes philosophiques. L'impression de cette éducation première s'effaça peu à peu; il devint plus savant, il ne devint ni meilleur ni plus heureux. L'éducation l'avait fait poëte et penseur, la philosophie le fit auteur et frondeur. A tout prendre, nous aimons mieux ce qu'il savait sans avoir rien appris, que ce qu'il sut quand il eut tout appris.

Son père, Charles Berroit, comte de Guibert, officier au régiment d'Auvergne, avait guerroyé en Italie, en Corse, en Bohême et dans les Flandres. A la bataille de Rocoux, la troupe que commandait le comte Charles de Guibert avait été deux fois lancée à l'attaque d'un village rudement défendu. Décimés par la mousqueterie, les grenadiers du régiment d'Auvergne s'arrêtaient haletants à la troisième attaque. Le lieutenant-colonel, comte de Guibert, se précipite à la tête de ces braves gens, et l'épée haute, s'écrie: « *Enfants, regardez à droite, le régiment de Navarre arrive avant nous!* Alors *Auvergne* s'élance pour arriver avant *Navarre*. Le village est enlevé pendant qu'un grenadier plante le drapeau du régiment d'Auvergne au sommet des murailles. On n'eût pas mieux dit et mieux fait sous les murs de Sébastopol. Il est vrai que nos zouaves et nos chasseurs sont les petits-fils de *Navarre* et d'*Auvergne*.

Après avoir été longtemps retenu prisonnier de guerre en Prusse à la suite de Rosbach, après y avoir étudié la *constitution militaire* de ce royaume, M. Charles de Guibert revint vivre dans ses terres. M. de Choiseul l'appela bientôt auprès de lui, au ministère de la guerre, et c'est à M. de Guibert, et non pas à son fils, que l'armée française doit le germe des règlements et ordonnances qui nous régissent encore, principalement en ce qui regarde le service des places, le service en campagne et le service intérieur. Le comte Charles de Guibert fut nommé successivement lieutenant général, grand'-croix de l'ordre de Saint-Louis, et gouverneur des Invalides. Il mourut, en 1786, à l'âge de soixante-seize ans.

Le fils d'un tel homme devait être bien préparé pour de grandes destinées. Étudions maintenant la vie et les œuvres du comte de Guibert. Nous mettrons en regard les éloges de ses amis et les critiques de ses ennemis. Nous aurons sous les yeux l'histoire militaire et l'histoire littéraire de son époque. Des écrivains d'un mérite sérieux, tels que Toulongeon, Saint-Lambert, Marmontel, Mirabeau, madame de Staël, la baronne d'Oberkich, mademoiselle de Lespinasse, le général Bardin, le général Marbot, Flavien d'Aldeguier, nous diront ce qu'était Guibert comme écrivain et comme homme privé.

Notre travail se divisera donc non pas en époques, mais pour ainsi dire en points de vue. Nous rappellerons d'abord la vie de Guibert ; nous étudierons ensuite l'écrivain militaire, l'homme de lettres, et l'homme du monde. Nous essaierons enfin de résumer rapidement cette existence multiple, qui eut ses taches, sans doute, mais qui eut encore plus son utilité et même sa gloire.

II

VIE DU COMTE DE GUIBERT.

Jacques-Antoine-Hippolyte de Guibert était de race méridionale. Il avait vu le jour dans ces provinces dont le sang est riche, l'imagination ardente, les passions fortes. Enfant de ce beau pays Montalbanais, qui donne tour à tour de braves soldats, d'éloquents orateurs, d'intègres magistrats, de grands poëtes et des hommes d'État, Guibert pouvait être orateur, magistrat, poëte, homme d'État. Il préféra le métier des armes, se réservant d'être à l'occasion homme d'État, poëte, orateur et écrivain.

Né le 12 novembre 1743, Guibert passa son enfance première à la campagne. Les biographes ont à l'envi répété que Guibert fit à Paris d'excellentes études et que ses succès furent grands sur les bancs du collége; ceci est peu probable. Entré au service en 1756, à l'âge de 13 ans, Guibert ne pouvait avoir acquis qu'une instruction très-imparfaite. Officier à ce régiment d'Auvergne, que son père conduisait à Rocoux, Guibert, presque enfant, prit part à trois campagnes de guerre. Dès le début, il prouva ce qu'il pouvait être un jour. Chargé de porter un ordre pendant la journée de Filingshausen, il vit l'ennemi exécuter un mouvement qui modifiait le but de sa mission. Le temps manquait pour retourner auprès du général. Les minutes étaient comptées, et tout retard pouvait devenir fatal aux Français. Le jeune Guibert prend sur lui de donner à l'ordre dont il est porteur une autre signification.

Il s'initie à la pensée de son chef et ordonne une manœuvre, conséquence de celle de l'ennemi. La victoire couronna son audace. Cette circonstance de la vie de Guibert est ici rappelée, non comme exemple à imiter, mais comme trait caractéristique de cet esprit osé, avide de commandement.

Guibert fit à merveille la guerre de Sept ans. Il eut plusieurs chevaux tués sous lui, commanda les avant-gardes, étudia les terrains, les ordres si variés des troupes, observa, prit note de tout, et devint en un mot véritable officier. Lorsque la paix fut signée, en 1763, il avait déjà une grande expérience. Longtemps après, dans une solennelle circonstance, Saint-Lambert, qui, lui aussi, avait fait la guerre, disait au comte de Guibert : « L'expérience « est l'effet de l'emploi du temps et non de sa durée. « Le jeune guerrier qui voit, observe, médite et « combat, celui qui, pendant la paix, étudie, celui « qui, dans les camps, voit les manœuvres, celui « qui passe les jours de son repos à lire César et « qui se transporte aux champs de Leuctres et de « Mantinée : voilà celui qui a de l'expérience (1). » Guibert, tout jeune encore, était donc un militaire

---

(1) Réponse de Saint-Lambert au discours de Guibert, le jour de sa réception à l'Académie française.

expérimenté. Il avait vu et comparé Rosbach et Lissa, Zorndoff et Salzig, Leignitz et Torgau, Crewelt et Minden, Clostercamp et Grumberg. Il avait observé le grand Frédéric et le maréchal de Soubise, avait étudié Ferdinand de Brunswick, le maréchal de Broglie, le maréchal de Contades, et tous les maîtres d'alors. Il avait visité la Saxe, la Silésie, la Prusse, le duché du Bas-Rhin, la Westphalie et les beaux théâtres de combats, arrosés si souvent de notre sang ; il avait vu aux prises les Français, les Russes, les Autrichiens, les Saxons, les Prussiens ; il avait vu toutes ces choses, et il n'avait pas vingt ans !

Il se prit alors à méditer. Pendant six années, depuis 1763 jusqu'en 1768, il se nourrit de la lecture des anciens, travailla sans relâche, et devint à son tour écrivain. La poésie récréait son esprit. Son exaltation pour l'étude allait jusqu'à l'enivrement. Ce fut en ce temps qu'il conçut le plan de son *Essai général de tactique,* vaste composition faite pour clore dignement l'existence d'un grand capitaine.

Cependant un bruit de guerre arrive jusqu'à lui. Une expédition française s'embarque pour la Corse et le maréchal Devaux en a le commandement. Le comte de Guibert abandonne ses livres, car il aime l'action à l'égal de la pensée. Après le combat de

Ponte-Nuovo, le 9 mai 1769, le maréchal nomme M. de Guibert colonel d'infanterie, en récompense de signalés services. A la fin de la campagne, le colonel reçut la croix de Saint-Louis (1). Passé au commandement de la légion corse, à l'âge de vingt-quatre ans, Guibert, tout en accomplissant ses devoirs de chef de corps, reprit activement ses travaux militaires et littéraires. Il composa la tragédie du *Connétable de Bourbon*, à la fin de 1769. L'*Essai général de tactique* parut l'année suivante. La célébrité entourait son nom. Les gens de lettres s'étonnaient des succès du jeune officier; les hommes du monde en étaient fiers; l'armée, un peu surprise, restait froide, et les femmes s'enthousiasmaient pour le gentilhomme qui maniait fièrement la plume et galamment l'épée.

Le comte de Guibert, dont la conversation était pleine de charme, aimait l'élégante existence du monde et les délicieuses veillées des boudoirs. Ce fut en causant qu'il se fit distinguer de mademoiselle de Lespinasse. Nous avons son portrait peint à cette époque : tout autant que M. de Mora, le comte de Guibert pouvait être un héros du roman. D'une

---

(1) Guibert rappelle lui-même ses services dans ses Œ*uvres militaires*, t. V, p. 295.

taille bien prise, élégante et gracieuse, Guibert respirait la force et la puissance : la tête rejetée en arrière, le front vaste, le nez aquilin, un peu fort, la bouche petite, presque dédaigneuse, le menton légèrement proéminent, lui donnaient une physionomie très remarquable ; les yeux petits mais vifs, mobiles, pleins de feu, exprimaient l'ironie. Cet ensemble résumait la dignité fière ; c'était la tête d'un homme fait pour commander et non pour obéir ; *ce qui est bien différent,* disait Mirabeau. Cette tête est comme sculptée dans le marbre : tout y est vigoureusement, mais gracieusement indiqué. Une profonde fossette au menton, et la lèvre inférieure légèrement saillante donnent au bas du visage quelque chose de sensuel, peu en rapport avec l'idéal des tempes et du front. C'est plutôt cependant une tête de guerrier qui commande, qu'une tête de philosophe ou de poëte. Son cou, très-développé, indique une force remarquable. Une abondante chevelure poudrée, de riches dentelles au jabot et aux manchettes, un habit de velours violet, des mains blanches, petites et coquettes, faisaient de M. le comte de Guibert un dangereux rival pour M. de Mora. Ils étaient à peu près du même âge, tous deux colonels, tous deux ayant fait la guerre, tous deux ayant eu des aventures, tous deux ayant un style (1) à eux, car mademoiselle de Lespinasse aimait le style. Ils devaient donc, par la ressemblance même de leurs situations, faire naître des rapprochements dans l'esprit de ceux qui les voyaient.

Un critique moderne a fait de M. de Guibert une sorte de soudard sans esprit et sans style. C'est une erreur profonde. On ne pouvait cependant pas lui donner ce nom charmant de *beau ténébreux*, que le gentilhomme espagnol, M. de Mora, méritait à tant de titres. Guibert aimait l'éclat du jour. Il était Français et soldat, duelliste à l'occasion, hautain avec les hommes, peu timide avec les femmes, menant rondement la vie et la partageant entre les travaux sérieux, la poésie, la philosophie, les tendres lettres à Julie, les petits soupers, les discours à l'Académie, les visites au roi de Prusse, les correspondances avec Voltaire ou d'Alembert, et mille autres choses encore. Mademoiselle Julie de Lespinasse fut donc un peu folle, mais point sotte de s'attacher à un tel homme.

Le 20 mai 1773, Guibert entreprit son voyage en Allemagne. Il visita les champs de bataille de Gustave-Adolphe et de Frédéric, se mit en relations avec les généraux suédois et prussiens. Il

---

(1) Lettres de mademoiselle de Lespinasse.

peint avec charme l'esprit militaire de Berlin, la tenue stricte des officiers et jusqu'à l'habillement du roi, qui ne quittait les bottes à l'écuyère que pour se permettre les bas noirs. C'est l'étiquette d'un quartier général, étiquette sévère et jamais oubliée depuis la guerre de Sept ans.

Il faut bien le dire, ce roi de Prusse, si philosophe en théorie, ami des lettres et protecteur des écrivains, n'avait qu'une médiocre sympathie pour les supériorités militaires des royaumes qui n'étaient pas le sien. Aussi le comte de Guibert fut-il d'abord accueilli à la cour de Frédéric avec une froide bienveillance. Ce n'est pas lui qui le dit, mais les mémoires du temps nous l'apprennent. Guibert arrivait à Berlin porteur d'une lettre de d'Alembert, lettre flatteuse au suprême degré. L'audience sollicitée par l'officier français fut cependant différée de jour en jour. Un peu piqué, le comte prit enfin le parti d'envoyer la lettre dont il était porteur, en écrivant lui-même :

« Sire,

« La lettre de M. d'Alembert, à laquelle je prends la liberté de joindre celle-ci, explique à Votre Majesté les motifs qui m'amènent dans ses États. J'y viens rendre hommage à sa gloire ; je viens m'y instruire, je viens surtout tâcher d'effacer les impressions que quelques phrases ont laissées dans l'esprit de Sa Majesté. Se pourrait-il, Sire, que l'homme qui vous a offert avec tant d'empressement son ouvrage, qui a payé, dans vingt passages différents, le tribut d'admiration et d'enthousiasme qui est si légitimement dû à Votre Majesté, eût volontairement employé des expressions qui lui déplaisent? Il ne l'a point fait, Sire; il ose le protester à Votre Majesté. Daignez lui accorder la grâce de vous faire sa cour; permettez-lui de voir un roi dont l'histoire aura tant de merveilles à raconter; le désespoir de la postérité est de ne pouvoir pas connaître les grands hommes dont elle lit les exploits : j'ai le bonheur d'être né du siècle de Votre Majesté; celui de la voir, de l'admirer par mes yeux semble me revenir de droit. On adorait à Athènes le *dieu inconnu* : faites, Sire, que ce ne soit pas au *héros inconnu* que j'adresse toute ma vie mon hommage. »

Ces quelques phrases qui ont laissé dans l'esprit de Sa Majesté une impression fâcheuse sont extrêmement honorables pour Guibert, et nous ne pouvons résister au désir de les rapporter ici, non parce qu'elles réveillent le souvenir d'Iéna et d'Auerstædt, mais parce qu'elles prouvent combien l'esprit de Guibert pénétrait dans l'avenir. Un homme ordinaire eût-il ainsi deviné :

« Dans cet État même que nous appelons militaire, parce que son roi est un guerrier habile; dans cet État qui s'est agrandi par les armes, qui n'existe et ne peut se flatter de conserver ses conquêtes que par elles, les troupes n'y sont pas plus vigoureusement constituées qu'ailleurs; elles n'y sont pas citoyennes; elles y sont, plus que dans aucun autre pays, un assemblage de stipendiaires, de vagabonds, d'étrangers, que l'inconstance ou la nécessité amène sous les drapeaux, et que la discipline y retient. Cette discipline, ferme et vigilante sur quelques points, y est relâchée et méprisable sur beaucoup d'autres. Elle n'est, en comparaison de celle des Romains, qu'un enchaînement de choses de forme, de demi-moyens, de correctifs, de suppléments vicieux; ces troupes mal constituées ont eu des guerres heureuses, mais elles doivent ces succès à l'habileté de leur roi, à une science toute nouvelle de mouvement dont il a été le créateur. Qu'après la mort de ce prince, dont le génie seul soutient l'édifice imparfait de sa constitution, il survienne un roi faible et sans talents, on verra dans peu d'années le militaire prussien dégénérer et décheoir; on verra cette puissance éphémère rentrer dans la sphère que ses moyens réels lui assignent, et *peut-être payer cher quelques années de gloire* (1). »

A la lecture de la lettre de M. de Guibert, le grand homme se dérida. Admis immédiatement auprès du roi, Guibert eut l'honneur d'entendre Frédéric pendant trois quarts d'heure. Le comte, à la fin de l'audience, osa exprimer le désir d'assister au camp de Silésie qui se rassemblait au mois d'août. « Je l'accorde, dit Frédéric en souriant,

---

(1) *OEuvres militaires de Guibert*, t. 1ᵉʳ, p. 89.

mais n'oubliez pas, monsieur le comte, que votre clairvoyance fait de vous un dangereux visiteur. »

Cette mémorable audience eut lieu le 17 juin 1773. Guibert la résume ainsi dans une lettre à mademoiselle de Lespinasse : « Une sorte de vapeur « magique me semblait environner la personne du « roi ; c'est, je crois, ce qu'on nomme l'auréole « autour d'un saint, et la gloire autour d'un grand « homme. »

Au camp de Silésie, Frédéric faisait précéder les manœuvres de revues de détail qu'il passait lui-même très-minutieusement. M. de Guibert se rendait chez le roi au moment où il allait monter à cheval et prenait place dans son état-major. Cependant Frédéric ne lui adressa pas une seule fois la parole. Il se laissa voir et rien de plus. Le roi, qui allait atteindre sa soixante-deuxième année, montait à cheval avec la vigueur, l'adresse et l'agilité d'un jeune homme ; d'une activité prodigieuse, presque sans sommeil, debout avant le jour, on le voyait, pendant les manœuvres, parcourir au galop le front des lignes, rectifiant les fautes avec vivacité et d'une voix éclatante, donnant en courant de rares éloges, plaçant lui-même les guides, indiquant les directions, mesurant d'un œil sûr les distances et les intervalles, alignant avec sa canne, qui parfois servait à l'exécution très-immédiate de ses ordres. Les punitions du roi tombaient sur les officiers négligents ou mal instruits : dans sa course rapide, on l'entendait souvent répéter son jurement habituel : *Que le Diable te casse le cou.*

Pendant les repos des manœuvres, il parcourait quelquefois les rangs des soldats, leur parlant familièrement, et tous l'entouraient comme un père, le nommant *Vater Fritz*, le père Frédéric. Il riait avec eux, parlant leur langage énergique, écoutant leurs ripostes, leurs mots de guerre, prêtant même l'oreille à leurs plaintes et leur rendant justice. Les soldats l'adoraient, les officiers le craignaient, les généraux le redoutaient, mais tous le respectaient et se sentaient fiers d'un tel maître. Souvent aussi, au temps de ces repos, Frédéric se plaçait à cheval vers le centre du terrain ; un cercle de généraux et d'officiers principaux se formait autour de lui. Alors il expliquait quelques principes militaires d'une voix forte, mais le plus souvent il causait. Or, pour le grand Frédéric, causer, c'était médire. Les gouvernements étrangers, les généraux des puissances européennes, les écrivains les plus célèbres, les ministres, la religion, et même les philosophes ses amis étaient tour à tour l'objet de ses spirituelles et mordantes satires. Chacun écou-

tait dans un respectueux silence. « Du reste, le
« prince, recherché jadis dans sa tenue et même
« élégant, poussait la négligence jusqu'au cynisme.
« Son tricorne était crasseux, ses habits râpés et
« même rapiécés ; le cuir de ses bottes jaunissait
« de vétusté ; le gland de sa dragonne n'était plus
« qu'une olive de bois ; il avait adopté l'uniforme
« de l'armée, et le devant était tout maculé de
« tabac d'Espagne ; mais le génie étincelait dans
« ses yeux ; sa parole était brève et incisive (1). »

Après un accueil flatteur aux cours de Vienne et de Dresde, le comte de Guibert revint à Paris vers la fin du mois d'octobre 1773. Voltaire lui adressa de pompeux éloges. Bientôt Guibert absorba l'opinion publique. La Harpe l'attaqua vertement et le monde protesta contre ce jugement. C'était le temps où La Harpe déclarait que Bossuet était *médiocre* dans ses sermons. Le comte se rendit à Ferney, où Voltaire l'accueillit avec une distinction marquée. Voltaire écrivait à d'Alembert : « Il est juste que
« je vous fasse lire mon épître sur *la Tactique* de
« M. de Guibert, qui m'a paru un homme plein
« de génie, et, ce qui n'est pas moins rare, un

---

(1) Flavien d'Aldeguier.

« homme très-aimable. » Voltaire écrivait encore à d'Argental : « Je ne sais si vous avez lu *la Tac-*
« *tique* de M. de Guibert, ou du moins le *Discours*
« *préliminaire*. Ce livre est plein de grandes idées,
« comme la tragédie du *Connétable* est pleine de
« beaux vers; j'ai eu l'auteur chez moi. Je ne sais
« s'il sera un Corneille ou un Turenne, mais il me
« paraît fait pour être grand en quelque genre
« qu'il travaille. »

Voici les derniers vers de la pièce datée de Ferney, le 30 novembre 1773 :

. . . .
Je connus que *la guerre est le premier des arts*,
Et que le peintre heureux des Bourbons, des Bayards,
En dictant leurs leçons, était digne peut-être
De commander déjà dans l'art dont il est maître.

En 1774, Guibert composa la tragédie des *Gracques*. Il épousa, cette même année, mademoiselle de Courcelles. L'Académie française mit au concours, en 1775, *L'éloge du maréchal de Catinat*. Guibert concourut, et La Harpe fut couronné. Le comte de Guibert se montra excessivement sensible à cet échec littéraire. Les succès militaires durent le consoler. Au mois d'octobre 1775, le ministre de la guerre, comte de Saint-Germain, appela M. de Guibert au ministère, afin de trouver en lui un collaborateur dans ses travaux et entreprises. Il ne s'agissait rien moins que de créer une constitution militaire pour l'armée française. Guibert, esprit réformateur, s'associa à la pensée de M. de Saint-Germain, et tous deux soulevèrent à la cour et dans l'armée de telles passions que rien, en nos temps modernes, n'en saurait donner une idée.

Après deux années de travaux incessants, le comte de Guibert abandonna le ministère de la guerre, en septembre 1777. Son esprit était aigri, et les attaques de ses ennemis l'irritaient chaque jour davantage. Le commandement du régiment de Neustrie lui avait été accordé en 1776. Le 23 mai de la même année, mademoiselle de Lespinasse mourut. Afin de rendre odieux le caractère de Guibert, on a dit que, le jour même de cette mort, le comte passa la soirée à l'Opéra. Plongé dans une profonde douleur, Guibert s'enferma seul : parmi ses manuscrits, publiés depuis, on remarquait une page tracée d'une main tremblante et mouillée de pleurs ; cette page commençait ainsi :
« Le 23 mai 1776, 8 heures du soir. Quelle nuit !
« quelle solitude ! affreux emblème de mon cœur !
« Demain ces ténèbres qui m'entourent se dissi-
« peront, et la nuit qui enveloppe Elisa est éter-
« nelle ! Demain l'univers se réveillera, Elisa seule

« ne se réveillera plus ! Amie sublime, où donc
« es-tu passée ? dans quelle région ? Ah ! tu es re-
« tournée vers ta source ; tu as repris ton vol vers
« ta patrie ! Tu étais une émanation du ciel et le
« ciel t'a réclamée..... »

Il écrivit ainsi toute la nuit, traça trente-trois pages où débordait son cœur désolé.

Qui mieux qu'une mère connaît le cœur de son fils ? C'est madame de Guibert, la veuve du lieutenant-général comte Charles, qui nous dira si ce fils était insensible. Elle allait mourir : son fils, qui habitait au loin, venait d'apprendre la maladie de sa mère. Il se précipite dans une chaise de poste, vole auprès de celle qu'il aimait et vénérait, ouvre la porte de la chambre, se précipite sur le lit, presse sur sa poitrine les froides mains de la mourante, et les baigne de larmes. Alors la vieille mère dit en souriant de bonheur : « *Je le reconnais bien; son cœur ne lui a jamais fait grâce.* »

Dites qu'il ne savait pas écrire, dites que ses vers étaient durs, sa *Tactique* mauvaise, mais, par respect pour la justice, par pitié pour sa mémoire, n'arrachez pas le cœur de cet homme qui, dans les tortures de l'agonie, demandait justice, à vous qui faites des livres, à nous qui les lisons. Non, Guibert n'était pas à l'Opéra le 23 mai 1776.

On ne l'a pas connu, et l'on nous dit qu'il était méchant. Interrogeons ceux qui ont partagé sa vie. Le vicomte Levencur, colonel en second du régiment de Neustrie, écrit à Guibert, le 6 novembre 1789 :

« Mon cœur a frissonné de l'injustice des hommes, et je voudrais pouvoir repousser les calomnies que vous avez essuyées. Si je les eusse connues plus tôt, j'aurai pu joindre les sentiments de mon cœur à ceux des officiers de votre régiment. J'aurais dit qu'en ayant été, pendant sept ans, colonel en second, sous vos ordres, personne n'avait été plus à portée que moi d'apprécier les qualités de votre cœur. J'aurais dit qu'ami de l'ordre, de la discipline et de l'instruction plus que personne, j'avais toujours vu ces qualités tempérées et même dominées en vous *par une humanité et une sensibilité que personne ne possède*, à mon sens, *à un plus haut degré* ; que les qualités de votre cœur étouffaient même quelquefois en vous la juste sévérité qui aurait été nécessaire en quelques circonstances..... »

Après la mort de mademoiselle de Lespinasse, Guibert traça l'*Éloge d'Élisa*. En 1777, il écrivit l'*Éloge du chancelier de l'Hospital*, et composa la tragédie d'*Anne de Boleyn*.

Les colonies anglaises de l'Amérique du nord secouaient le joug de la métropole. La guerre semblait prochaine, et la France allait prêter son appui aux Américains. Deux camps se formèrent en 1778 sur les côtes, l'un en Bretagne, aux ordres du maréchal de Castries, l'autre en Normandie, commandé par le duc de Broglie. Ces camps de Paramé et de Vaussieux, dont l'Angleterre eût pu s'inquiéter, furent désignés sous le nom de camps d'instruction. La question, alors si importante de *l'ordre mince* et de *l'ordre profond*, y fut en effet mise à l'étude. Nos pères, pendant les guerres de l'Empire, aux bivouacs d'Austerlitz et de Wagram, ont donné libre cours à leur gaieté quand les anciens leur racontaient les grandes querelles des partisans de *l'ordre mince* et des partisans de *l'ordre profond*. Ces querelles leur semblaient aussi étranges que celles des *molinistes* et des *jansénistes*. Même parmi les habiles, beaucoup ignoraient le sujet du différend et n'en savaient que le nom.

Cependant, pour soutenir *l'ordre mince*, beaucoup d'officiers croisèrent le fer, et de fort honnêtes gens se firent tuer de part et d'autre par leurs camarades, afin de prouver que la colonne de M. le chevalier de Folard était préférable aux lignes du roi de Prusse, ou que celles-ci étaient très-supérieures aux masses du chevalier. Il devenait impossible de s'entendre; pendant que les fous s'escrimaient, les sages discutaient. *L'ordre profond*, réminiscence de la phalange grecque, avait pour disciples fervents Ménil-Durand, dont le nom est à peine connu de nos jours, le baron de Bohan, officier de haute distinction, le maréchal de Broglie, vainqueur à Berghen. Le maréchal de Rochambeau était à la tête des partisans de *l'ordre mince*. Il fut un jour convenu que deux corps d'armée manœuvreraient l'un contre l'autre, chacun employant un ordre différent. Les maréchaux de Rochambeau et de Broglie prirent le commandement des deux armées. Cette campagne de quelques heures ne prouva rien, car, en guerre, pour prouver qu'on a raison, il faut des morts; mourir ou craindre de mourir fait reculer, le reste n'est qu'accessoire. On écrivit cependant des volumes sur cette guerre innocente, et Dieu sait ce qui en serait advenu sans le comte de Guibert. En cette affaire, il fut éclectique. Guibert domina la question avec une netteté de vues remarquable (1); il publia sa *Défense du système de guerre moderne*. Nous en parlerons à l'occasion de ses œuvres militaires, sans trop effrayer le lecteur, qui, aux seuls mots *d'ordre mince* et *d'ordre profond*, tournerait aussitôt le feuillet.

---

(1) *Mémoires* de M. le comte de Ségur.

Comme chef de corps, Guibert ne pouvait être comparé à personne. Sa supériorité était incontestable. Le premier, et presque l'unique écrivain de l'armée, plus instruit que ses égaux, il s'était créé une position intellectuelle que chacun pouvait attaquer, mais que nul ne pouvait méconnaître. Il espérait donc, avec son régiment, faire partie de l'expédition d'Amérique. D'illustres amitiés, celle du maréchal de Broglie en particulier, ne lui firent pas défaut; son père, officier général et vieux serviteur, adressa vainement des prières pour que son fils pût de nouveau prendre part à la guerre. Tout fut sans effet. D'occultes inimitiés, des jalousies sans doute, pesaient sur la tête de cet officier, dont l'élévation eût été redoutable pour les médiocrités ambitieuses. Condamné à la vie de garnison, pendant que ses compagnons allaient en campagne au delà des mers, Guibert ne put résister à la douleur; miné par la maladie, ce corps robuste s'affaissa, et sa vie fut en danger.

Pendant deux ans, le chagrin l'accabla; il comprit enfin qu'il y aurait faiblesse, lâcheté même à céder. Guibert chercha dans l'étude de nouvelles forces et des consolations. Ses *Fragments de l'histoire de la Constitution militaire de France* parurent en 1781.

« La première idée de cet ouvrage me vint il y
« a trois ans, dit lui-même Guibert; j'étais, dans
« ce moment-là, tourmenté du besoin de me créer
« une grande occupation. La guerre se faisait
« sans que j'y eusse part; je voyais ma carrière
« militaire manquée, tous les débouchés fermés
« devant moi, mon nom condamné à l'obscurité.
« Cette pensée consolante s'empara de moi; elle
« me suivit plusieurs jours sans relâche, elle s'of-
« frait à moi partout, elle avait pris sur moi tout
« l'empire et l'assiduité d'une possession; je me
« laissai aller, j'écrivis (1) » Nous croyons relire
l'une des belles pages d'Augustin Thierry, et nous
nous rappelons cette pensée de l'écrivain : « Si,
« comme je me plais à le croire, l'intérêt de la
« science est compté au nombre des grands inté-
« rêts nationaux, j'ai donné à mon pays tout ce
« que lui donne le soldat mutilé sur le champ de
« bataille (2). » Noble exemple pour ceux qui se
laisseraient aller au découragement; pour ceux
qui n'ont pas la force de combattre l'affaissement
moral qui suit l'évanouissement des espérances,
pour ceux dont l'âme est énervée par l'ambition

---

(1) *Œuvres militaires de Guibert*, t. V, p. 6.
(2) *Dix ans d'études historiques*.

déçue. Qu'ils imitent Guibert et demandent à l'étude des consolations. Appuyés sur l'étude, ils traverseront les mauvais jours sans en sentir le poids. Le travail de l'intelligence sera pour eux un refuge, une espérance, une consolation, et tôt ou tard il ramènera les récompenses qui semblaient fuir.

En effet, l'année 1784 n'était point encore écoulée lorsque le roi nomma Guibert brigadier d'infanterie, grade alors supérieur à celui de colonel. En 1786, messieurs de l'Académie française l'admirent en leur compagnie. M. de Guibert avait été appelé, en 1782, à l'hôtel des Invalides pour y seconder son vénérable père, gouverneur de l'hôtel. Il fit améliorer les diverses branches de cet important service, il inspecta les succursales ou détachements, et se montra fort habile administrateur.

Le grand Frédéric mourut en 1786. Guibert publia son éloge l'année suivante. Le ministre de la guerre, comte de Brienne, avait proposé au roi la création d'un *Conseil de la guerre*. Ce n'est pas ici le lieu d'examiner l'utilité ou les inconvénients de ces conseils, dont les attributions présentent des dangers que ne méconnaissent pas les amis éclairés de l'autorité. Qu'il nous suffise de rappeler que Guibert fut nommé rapporteur du conseil de la guerre dans le mois d'octobre 1787. Créer une armée forte et soulager les finances, était le problème à résoudre. M. de Guibert se trouvait de nouveau sur le terrain glissant où l'avait autrefois placé le comte de Saint-Germain. Les inimitiés se réveillèrent plus terribles que jamais.

Guibert se mit ardemment à l'œuvre. Peu à peu, une véritable ligue se forma contre lui. Les calomnies les plus odieuses, les accusations les plus absurdes empoisonnèrent son existence. Le découragement s'empara de nouveau de lui ; alors il crut devoir publier un *Mémoire au public et à l'armée sur les opérations du conseil de la guerre*. Ce mémoire est encore de nos jours un chef-d'œuvre que tout officier doit lire et tout organisateur méditer. Mais Guibert s'abandonna à l'amertume : « Quoi !
« s'écrie-t-il, vouloir la ruine des abus seulement,
« avoir fait le bien général, avoir fait du bien à
« beaucoup d'individus en particulier, n'avoir
« donné à autrui un sujet de plainte raisonnable
« et qu'il puisse avouer, voilà ce qu'on a trouvé
« le moyen d'empoisonner, de dénaturer, de tra-
« vestir en opérations désolantes et injustes (1). »

---

(1) *OEuvres de Guibert*, t. V, p. 239.

Cependant le roi lui rendit justice et le promut, le 9 mars 1788, au grade de maréchal de camp.

La révolution arrivait à grands pas ; les États-Généraux allaient se réunir. Guibert eut la juste ambition de faire partie de cette assemblée, dans laquelle sa place semblait marquée par d'utiles travaux et des études spéciales. Les trois ordres de l'assemblée du Berry rejetèrent son nom, après une discussion douloureuse pour l'honneur du comte de Guibert. C'était toujours le même système d'accusations et de calomnies. Singulière dérision, que se permettent seules les révolutions ! Guibert le réformateur était repoussé par ceux-là mêmes qui voulaient réformer. Peut-être aussi le tiers-état eut-il peu de sympathie pour le noble comte, la noblesse, beaucoup de méfiance pour le réformateur, et le clergé, des antipathies pour le philosophe. Il y a en toutes choses humaines une inflexible logique, qui pourrait, à cette occasion, donner lieu à de curieuses comparaisons tirées d'histoires plus modernes.

Désespéré de son échec politique, au lieu d'y voir une leçon et de se rejeter vers l'armée, Guibert publia un *Discours aux trois ordres de l'assemblée du Berry*. C'était, hélas ! une véritable profession de foi, comme on en fit depuis. Nos instincts militaires se sentent froissés en lisant cette déclamation. Nous n'excusons ni le fond ni la forme de ce discours; nous devons penser que le cœur ulcéré de l'honnête homme, son âme pleine d'amertume, son existence torturée, ont exercé une déplorable influence sur sa conduite, non pas qu'il y eût en ce discours des pensées criminelles, mais l'esprit en est tellement *avancé*, pour nous servir de l'expression nouvelle, que le gouvernement s'en émut et s'en montra blessé. Le roi, par l'organe du ministre de la guerre, exigea la démission de M. de Guibert, qui cessa ainsi d'appartenir au conseil de la guerre.

Loin de nous la pensée de supposer que le général comte de Guibert eût fait défection à son nom, à sa race, à l'armée, au roi son souverain, au trône qu'avaient servi ses pères. Non, il ne voulait ni désordre, ni violences, ni excès. Mais peut-être, à cette heure suprême de sa vie, oublia-t-il de jeter un regard sur son épée. L'éclair de cet acier l'aurait illuminé; il aurait vu qu'à l'heure des périls, la place d'un soldat est sous les drapeaux du souverain, dans les rangs de l'armée. Dieu le punit cruellement. Dans l'obscurité de sa retraite, morne et silencieux, le comte de Guibert s'éteignait; cette tête haute et fière se courbait dans l'humiliation ; ce front vaste se voilait de soucis, se sillonnait de rides ; cet esprit si lucide s'éteignait. Le travail même, le saint travail, lui refusait ses suprêmes consolations. Lamentable leçon, terrible fin pour une si belle vie.

Son âme fière, son cœur droit n'avaient point été faits pour cette épreuve ; l'injustice seule avait dénaturé ce caractère. La société n'en put faire un méchant homme, elle en fit un ambitieux ; or, en révolution, les ambitieux sont trop souvent en compagnie des méchantes gens. De sa retraite, Guibert vit bientôt les crimes et les ruines. A cette vue, il secoua sa torpeur et se mit à écrire la *Lettre de l'abbé Raynal, adressée de Marseille à l'Assemblée constituante*, le 19 décembre 1789. Cette lettre est bien de M. de Guibert. On ne retrouve plus l'officier laborieux, mais l'homme politique passionné ; le style est négligé, les pensées diffuses, et le discours entier sans ordre et sans méthode. La seconde lettre, qui parut sous le même titre, le 31 mai 1791, et fut remise au président de la *Constituante*, Bureau de Puzy, n'est point de Guibert, mais de Stanislas de Clermont-Tonnerre, quoique l'abbé Raynal ait laissé publier qu'il en était l'auteur.

Guibert retrouvait, comme par secousses, des

étincelles de son esprit. En 1790, il écrivit le *Traité de la force publique considérée dans ses rapports*, œuvre de circonstance et sans valeur réelle. Le comte n'avait encore que quarante-sept ans, et il allait mourir de douleur. Une idée fixe s'empara de lui ; il demandait justice et personne ne l'entendait du dehors. Pourquoi ne se tourna-t-il pas vers Dieu ! Autour de son lit de mort, de nombreux amis se pressaient, car ceux qui le connaissaient l'aimaient passionnément. Il avait été la joie, l'orgueil d'une famille, et il répétait sans cesse : *Ma conscience est pure ; on me connaîtra ; on me rendra justice.* Lorsque ses yeux distinguaient à peine, ses lèvres murmuraient toujours le mot justice. Il avait donc bien souffert ; on avait donc été pour lui bien injuste. Oui, on avait été injuste et cruel envers cet homme taillé pour la grandeur : les douces croyances ne l'avaient pas fait calme et résigné ; la science l'avait fait philosophe et superbe : il prit les épreuves pour des persécutions.

Lorsqu'il mourut, le 6 mai 1790, Guibert avait touché à toutes les gloires, et il regrettait certainement la vie. Que de rêves la mort faisait évanouir ! Les tribunes retentissaient aux accents des orateurs ; les armées de l'Europe entière marchaient aux combats, entonnant des hymnes poétiques ; les écrivains dictaient des lois à l'univers ! Quelle heure pour mourir, quand on est tout à la fois orateur, général, écrivain et ambitieux !

Un auteur moderne, qui, en histoire, fait autorité, a tracé le portrait du grand homme (1). Dans ce portrait nous avions presque reconnu Guibert. Dans l'activité du grand homme il y a deux parts ; deux époques marquent sa carrière. D'abord il comprend les vices de son temps et les réels besoins de la société dans laquelle il vit. Mieux que tout autre, il sait indiquer les améliorations, il se fait fort et puissant par l'étude et grandit dans l'opinion. Bientôt il rend d'immenses services : de là son pouvoir et sa gloire. Il est compris, accepté, suivi, parce qu'il exerce son action au profit de tous. Mais il ne s'en tient pas là ; sa pensée va plus loin. Il se livre à des vues qui lui sont personnelles. L'égoïsme et le rêve commencent. Sur la foi de ce qu'il a fait, on le suit quelque temps dans cette nouvelle voie. On croit en lui. Tôt ou tard, le public s'aperçoit qu'on l'entraîne où il ne veut pas aller et qu'on abuse de sa bonne foi :

---

(1) M. Guizot, *Cours d'histoire*.

tout à l'heure, ce grand homme servait pour les autres, il veut maintenant que les autres servent pour lui. Tout à l'heure il réalisait la pensée publique, il veut maintenant que le public réalise sa pensée particulière. On s'en inquiète d'abord, on s'en lasse bientôt, enfin on se plaint et l'on ne tarde pas à abandonner le grand homme.

Voilà en plus d'un point le portrait de Guibert. On s'est séparé de lui, il est resté seul, il est tombé ; mais il n'y avait pas moins en lui l'étoffe du grand homme.

III

LE COMTE DE GUIBERT ÉCRIVAIN MILITAIRE.

Il eut l'honneur d'être à la fois écrivain militaire et littérateur. Avant lui, Folard, Turpin de Crissé, Maizeroy, Guischardt, Montécuculli, Rohan, Puységur, séduits par la lecture de *Polybe*, avaient, à divers points de vue, écrit sur la guerre. Mais nul d'entre eux ne cultivait les lettres. Par cela même qu'il n'était pas seulement écrivain militaire, Guibert se plaça à un point de vue plus élevé que ses prédécesseurs, et chercha la solution des questions de force armée dans la constitution politique des peuples. *L'Essai général de tactique* parut à l'étranger, en 1770. Guibert dédia son livre à sa *patrie*, comme pour se venger des obstacles apportés par le Gouvernement à la publication de cette œuvre très-hardie. Dans sa dédicace, l'auteur glisse, pour ainsi dire, le nom du monarque. Il parle même des ministres et des administrateurs, mais c'est à la nation qu'il en appelle. Les mots de citoyen et de liberté sont répétés avec passion. Il se compare à Christophe Colomb partant pour la découverte d'un nouveau monde. Tout l'avenir de Guibert est dans ces quatre pages, qui respirent l'enthousiasme des réformes et invoquent les idées nouvelles. L'écrivain va s'étourdir de son propre bruit, s'enivrer de ses triomphes, il court à la recherche de la vérité et ne se demande pas si dans sa course insensée, il ne foulera point aux pieds les traditions respectables de l'antique autorité.

Le *Discours préliminaire* est fort beau. La première partie est le résumé de l'art de la guerre. On ne saurait, sans être saisi d'étonnement, voir le tableau que Guibert trace de la Russie (1), et qui est fait pour donner à penser aux hommes d'État

---

(1) P. 47 du *Discours préliminaire*.

de ce vaste empire. Guibert prophétisa l'avenir de la Russie comme il avait prophétisé l'avenir de la Prusse.

La *Défense du système de guerre moderne* est encore une œuvre remarquable. Nous avons dit à quelle occasion ce livre fut écrit. On croyait alors que le *système de guerre* avait atteint, par le génie du grand Frédéric, sa plus haute perfection. Turenne était l'expression de la science stratégique. Il serait hors de propos de discuter ici les divers systèmes de guerre, ces pages n'étant pas uniquement destinées aux hommes spéciaux. Deux exemples, pris dans l'histoire, feront mieux comprendre la différence qui existe entre le système créé par Napoléon 1er et celui dont Guibert était le défenseur. Suivons Turenne dans sa dernière et brillante campagne ; nous suivrons ensuite l'Empereur de Boulogne à Austerlitz :

Guibert expliquait lui-même Turenne :

Dans cette glorieuse campagne qui termina sa vie, Turenne, pendant six semaines, manœuvra devant Montécuculli. Ce fut une suite de combinaisons savantes, toutes de positions et de mouvements. Turenne commandait une armée de vingt-six mille hommes, tandis que Montécuculli en avait trente mille. D'après les principes admis, la supériorité numérique de Montécuculli lui donnait le rôle offensif. Il cherchait donc à franchir le Rhin pour pénétrer en Alsace. Strasbourg, alors ville impériale, penchait ouvertement pour lui et lui offrait un facile débouché. Que fait Turenne? Au lieu de suivre la routine ordinaire en disputant le passage du fleuve, il franchit lui-même le Rhin, se place entre Strasbourg, qu'il laisse à quatre lieues sur sa gauche, et ses ponts qu'il fait remonter à Altenheim et qu'il établit ainsi à quatre lieues de sa droite, détachant seulement un corps pour les couvrir.

Entre le Rhin et Montécuculli coule la Schutter, petite rivière très-encaissée, très-profonde et dominée par des éminences presque toutes du côté de l'Alsace. Turenne fait de cette petite rivière sa ligne de défense. Il a observé que cette rivière coule toujours circulairement, en sorte que l'arc est du côté de Montécuculli et qu'il occupe la corde. Ainsi, soit que Montécuculli veuille se porter sur Strasbourg, soit qu'il veuille marcher sur ses ponts, il faut que l'ennemi franchisse l'obstacle. C'est sur cette heureuse configuration du pays, mais dont un génie tel que le sien pouvait seul saisir les avantages, que Turenne fonde sa défensive. Il est vrai que le Rhin est derrière lui; mais que lui importe le Rhin, si, au moyen de l'obstacle invincible qui couvre son front, il ne peut pas être forcé de combattre dans cette position? Montécuculli tentera-t-il de franchir le Rhin au-dessus ou au-dessous de lui? Alors il marche droit à l'ennemi et l'attaque au passage; ou bien il prend la défensive dans un autre sens, appuyant sa droite ou sa gauche au Rhin et son autre aile à cette même Schutter qu'il a devant lui. C'est donc dans cet espace resserré, sur ce théâtre si petit, de huit lieues de longueur sur quatre de largeur, que, pendant cinq semaines, ces deux grands hommes déploient toutes les combinaisons de la science, toutes les ressources de l'art, toutes les inspirations du génie. Plusieurs fois, Montécuculli essaie de surprendre le passage de la Schutter; Turenne, ayant toujours le chemin le plus court, ne fait que se prolonger sur sa ligne de défense, et, se présentant devant lui, l'empêche d'exécuter le passage. Une fois, la tête du corps de M. de Lorges, qui, détaché sur la droite de Turenne, couvrait les ponts d'Altenheim, est poussée par Montécuculli, et il se dispose à forcer le passage de la Schutter. Turenne accourt, et l'ennemi est obligé de se replier. Montécuculli prend enfin le parti de descendre le Rhin. Turenne le suit, le côtoie, se plaçant toujours entre le Rhin et l'ennemi; la Renchen, autre petite rivière, devient sa nouvelle ligne de défense. Les deux armées manœuvrent encore pendant quinze jours sur ce théâtre aussi peu développé que le premier. Enfin Turenne prend l'offensive; il en a trouvé l'occasion, il en a deviné le moment. Montécuculli est fatigué des marches et des contre-marches. Il ne peut faire un pas sans que Turenne ne déjoue ses calculs. Il médite une nouvelle opération, lorsque Turenne découvre un gué dans la Renchen, à deux lieues de sa droite. Il part au commencement de la nuit avec sa seconde ligne, marche dans l'obscurité, traverse la Renchen et prend, avant le jour, une position sur le flanc de Montécuculli. Celui-ci n'est averti qu'au moment où Turenne termine son mouvement. Montécuculli reste incertain, il observe avec inquiétude, il comprend à peine, car le camp de Turenne est toujours devant lui comme la veille. Tout à coup il voit le camp se mouvoir. Il sait alors seulement que ce qu'il a devant lui est la première ligne de Turenne. Cette ligne marche sur sa droite, franchit à son tour la Renchen et vient appuyer son général. Montécuculli marche lui-même. Mais Turenne a combiné ses mouvements avec tant de précision que son armée entière est formée avant que Montécuculli soit en mesure de l'attaquer. Turenne avance, Montécuculli recule. Les deux armées sont enfin en présence, une bataille décisive va se livrer. On est au village de Saltzbach. Turenne, à cheval, se porte sur une hauteur; il examine les positions de l'ennemi, lorsqu'un boulet de canon le frappe mortellement.

Que voulait faire Turenne? On ne l'a jamais su. Le général n'était plus; il avait emporté son secret. Les Français se retirèrent et repassèrent le Rhin. Tel est le système de guerre que défendait le comte de Guibert, sous le nom de *Système de guerre moderne.*

Voici maintenant le *système de guerre* réellement *moderne,* que le génie de Napoléon Ier a substitué au système du grand Frédéric.

L'Empereur est au camp de Boulogne. La Russie vient de s'allier à l'Autriche. 500,000 hommes, échelonnés de la Moravie à la Bavière, croient trouver nos frontières découvertes, et vont marcher rapidement sur la France. Napoléon lève le camp de Boulogne vers la fin de septembre et conduit son armée sur le Rhin, qu'il traverse le 1er octobre. Le 6, il entre en Bavière; le 12, il rend à l'électeur sa capitale; le 20, il est maître d'Ulm, désarme le général Mack et le sépare du corps russe qui venait le secourir ; le 13 novembre, il entre à Vienne, capitale de l'Autriche ; le 29, il pénètre dans le cœur de la Moravie ; enfin, le 2 décembre, il fait halte dans les plaines d'Austerlitz.

Pendant que Napoléon exécute ces larges mouvements, ses lieutenants réalisent autour de lui sa pensée par d'autres mouvements qui se lient à ceux de l'Empereur et concourent à l'exécution du plan général. Ce n'est plus Turenne, tenant dans sa main sa petite armée, mesurant de l'œil l'étendue de ses ailes, embrassant du regard les bataillons de son adversaire. C'est le génie qui se meut dans l'immensité. Il n'y a plus le fleuve à franchir ou à défendre, l'éminence à occuper ou à tourner, la forêt à reconnaître : ce sont des centaines de fleuves et des milliers d'affluents, des chaînes de montagnes, de vastes plaines populeuses, des cités, des capitales, des royaumes à grouper dans la tête d'un seul homme, qui les voit, les mesure, les pèse, et puis médite comme Newton méditait, s'inspire comme s'inspirait Homère, et lorsque cet homme a terminé son calcul, composé son poëme, il s'élance à cheval et fait un signe.

Alors, Murat, vainqueur à Offenberg, à Wertinghen, franchit le Danube ; Soult s'empare d'Augsbourg ; Bernadotte d'Ingolstad ; Ney rompt les lignes de l'archiduc Ferdinand, et bat les Autrichiens à Elchingen. Il court ensuite vers le Tyrol et entre vainqueur à Inspruck. Davoust pénètre jusqu'aux bords de l'Inn et défait le maréchal Meerfeld sous les murs de Vienne. Lannes s'empare de Braunau, tandis que le premier corps russe, qui marchait dans la haute Autriche, est sucessivement battu par Murat, Mortier et Oudinot. Masséna défend l'Italie contre l'archiduc Charles. Bientôt il prend l'offensive, s'empare de Vérone, de Vicence, de Trente, de Bassano, rejette les Autrichiens au delà des Alpes Juliennes après les avoir mis en déroute à Caldiero, à Montebello, à Togliamento. Il va entrer à Venise lorsqu'il apprend la victoire d'Austerlitz.

-Même en présence de ces gigantesques conceptions, de ces inspirations du génie, les leçons de Gustave-Adolphe, de Frédéric et de Turenne n'en restent pas moins bonnes et utiles. Car Dieu seul peut savoir si d'autres généraux seront assez grands pour appliquer le système de Napoléon. Il a développé la sphère d'action, élargi les mouvements, multiplié les forces, mais il n'a pas changé la *méthode ;* Napoléon le prouve lui-même en ses Mémoires ; il est *méthodique* autant que Turenne.

Le *Système de guerre moderne,* tel que le présente Guibert, est donc à étudier par ceux qui veulent se rendre dignes de commander. Ce livre faisait partie de la bibliothèque de campagne de Napoléon, qui, en 1807, invita ses officiers généraux à lire Guibert et à profiter de ses leçons.

Guibert est resté le premier écrivain militaire de notre pays. Ses œuvres spéciales sont : *Traité de la Force publique ; Histoire de la Constitution militaire de France ; Essai général de Tactique ; Défense du Système de guerre moderne ; Invitation à la Nation française sur le Monument à élever à Turenne ; Mémoire relatif aux Opérations du Conseil de la Guerre.* L'empereur Napoléon Ier professait pour le comte de Guibert la plus grande estime. Voulant honorer la mémoire de l'illustre écrivain militaire, le jeune général en chef de l'armée d'Égypte appela auprès de lui le neveu de M. de Guibert, qui, seul, continuait ce beau nom (1). Adopté en quelque sorte par le général Bonaparte, qui l'avait mis au nombre de ses aides de camp, le jeune de Guibert se fit tuer, à l'âge de vingt ans, sur le champ de bataille d'Aboukir.

---

(1) Le comte de Guibert n'avait laissé qu'une fille, qui épousa M. de Villeneuve (de Chenonceau), sénateur.

IV

LE COMTE DE GUIBERT HOMME DE LETTRES.

Le lundi 13 février 1786, MM. de l'Académie française virent leur grande salle envahie par la ville et par la cour. Une affluence inaccoutumée encombrait les avenues. Les carrosses et les chaises à porteur arrivaient de tous côtés, amenant les beaux esprits et les femmes à la mode. Les salons se faisaient un triomphe de cette fête littéraire, qui était la réception de M. le comte de Guibert, nommé académicien à la place de Thomas.

Lorsque le comte parut, les hommes se levèrent spontanément pour le saluer. Dans la démarche fière du nouvel académicien, dans le port un peu hautain de sa tête, dans l'élégante sévérité de son costume, on devinait l'homme de guerre, car Guibert cherchait à conserver son véritable caractère. Un autre colonel de l'arme des dragons, membre aussi de l'Académie française, accompagnait M. de Guibert, c'était M. de Saint-Lambert. Le comte de Guibert, dont la voix possédait des notes tour à tour harmonieuses, sonores et pleines de sensibilité, et qui lisait avec une extrême justesse, prononça son discours. En commençant il dit ces mots : *A l'immortalité !.....* Puis, après un instant de silence, l'orateur reprit : *Messieurs, en me rappelant cette noble devise qui tout à la fois vous marque votre but et vous sert de présage.....* Cette réception fut un grand événement. Il y eut un véritable enthousiasme, une sorte d'enivrement. Le discours parut merveilleux.

Soixante-dix années se sont écoulées, le silence s'est fait, et nous relisons ce discours dans le calme du cabinet. Il faut bien le dire, nous restons froid. Le style nous semble pompeux outre mesure et les idées n'ont rien d'élevé. Saint-Lambert répondit à Guibert par un discours moins applaudi et meilleur cependant. En cette année 1786, et même avant cette époque, on croyait généralement que le comte de Guibert serait l'homme de génie, l'homme universel de son siècle. Dans l'armée, il était certes le premier par la pensée, et ses amis lui promettaient le bâton de maréchal de France. Les philosophes caressaient à l'envi cet homme d'action, qui, à l'occasion, serait leur épée. Les salons idolâtraient cet esprit supérieur, si vaste et si fin. Les femmes lui prêtaient des séductions qu'avaient exagérées des confidences de boudoir. C'était un véritable engouement. Être aimé jusqu'à la folie, admiré jusqu'au ravissement, redouté jusqu'à la terreur, envié jusqu'à la jalousie ; avoir en même temps toutes les gloires, d'illustres amitiés, de romanesques passions, être grand seigneur, porter dignement l'épée, faire de la plume une puissance, être jeune, riche d'avenir, n'y a-t-il pas là de quoi enivrer un homme, le troubler, l'égarer ? C'est ce qui arriva au comte de Guibert.

Étudié au point de vue littéraire seulement, il fut poëte, orateur, philosophe, administrateur, politique, financier ; ses œuvres en font foi. Il a écrit sur tous les sujets qui justifient ces titres : *Voyage en Allemagne ; Voyage en Suisse ; Voyage dans le Midi et dans l'Ouest de la France ;* la tragédie du *Connétable de Bourbon* ; la tragédie *des Gracques ;* la tragédie d'*Anne de Boleyn ;* l'*Éloge de Catinat ;* l'*Éloge du chancelier de l'Hospital ;* l'*Éloge de Frédéric II ;* l'*Éloge d'Elisa ;* l'*Essai d'une Rédaction de Pacte ou de Contrat social ;* la *Lettre au ministre Choiseul sur la Corse ;* les *Lettres d'un habitant de la campagne à un habitant de la capitale ;* la *Lettre à l'Assemblée nationale ;* le *Discours aux trois ordres de l'Assemblée du Berry.*

Après avoir lu les œuvres littéraires de Guibert, on reconnaît, tout en admirant son talent, qu'il eût pu faire mieux. Mais peu d'hommes ont le

bonheur d'échapper à l'influence de leur temps :
« Les temps dans lesquels nous vivons déterminent
« souvent ce que nous sommes, et comme le sort
« d'une plantation tient à la température de la sai-
« son où elle doit éclore, de même celui d'une gé-
« nération dépend de l'esprit de son siècle et du
« gouvernement sous lequel elle est élevée (1). »

La tragédie du *Connétable de Bourbon* fut re-
présentée deux fois à Versailles : en 1775, à l'occasion du mariage de mademoiselle Clotilde, et en
1776, pour le mariage de M. le comte d'Artois. On
pourrait s'étonner que la cour de France ait laissé
mettre en scène, dans le palais même du souverain, un prince de la maison de Bourbon traître à
son pays, un roi de France prisonnier de guerre,
et une reine-mère, cause de tous ces malheurs. Les
descendants de Montmorency, de Choiseul, de
Brissac, assis à l'amphithéâtre, voyaient leurs an-
cêtres sous le manteau des comédiens. Bayard seul,
le chevalier sans peur et sans reproche, n'avait pas
là de descendant. Cette tragédie obtint un prodigieux succès.

Après avoir, indirectement, il est vrai, réveillé
des souvenirs douloureux pour la maison régnante

---

(1) Le comte de Guibert, *Éloge de Catinat*.

et les grands du royaume, Guibert composa une nouvelle tragédie dont Plutarque indique le sujet. Nous voulons parler des *Gracques*. Les Gracques pouvaient, devaient même exciter les classes inférieures de la société contre les classes riches et élevées. Hâtons-nous de dire que Guibert le comprit, et s'opposa, en 1790, à la représentation de cette tragédie au Théâtre-Français. La pièce ne fut même imprimée qu'en 1825 ; elle avait aussi été applaudie dans les salons qui, alors, battaient des mains et se pâmaient d'aise lorsque Figaro se moquait du comte Almaviva. Une scène du troisième acte des *Gracques* eût pu servir de modèle à quelques-uns des orateurs populaires de 1848. Caïus, qui veut s'emparer des biens de tous les riches, fait part de ses projets à Opimius. C'est le socialisme.

Anne de Boleyn nous semble la meilleure tragédie de Guibert, quoique celle des *Gracques* renferme de beaux passages. Guibert a cependant méconnu l'histoire vraie d'Anne de Boleyn. Il a imaginé une fable odieuse et prêté à son héroïne une passion plus coupable, plus insensée que celle de la *Phèdre* de Racine. Quelque remarquable que soit la tragédie d'*Anne de Boleyn*, le lecteur reste comme oppressé de cette lutte sans dénoûment possible. La pièce n'a jamais eu les honneurs de la représentation.

Il y avait en Guibert un sentiment dramatique très-développé, et, s'il se fût exclusivement adonné à la scène, peu d'écrivains auraient obtenu d'aussi légitimes succès. Il était versificateur habile, mais ses fiers instincts de domination, sa superbe intelligence l'entraînaient sur un théâtre où les passions s'agitent pour leur propre compte. Il négligeait la poésie proprement dite, dans laquelle il aurait réussi. Nous ne citerons de lui que quelques vers, imitation d'un passage de Claudien sur l'existence de Dieu :

> Que sont dans le grand tout nos plaisirs, nos traverses,
> Nos erreurs, nos travaux, nos fortunes diverses,
> Nos monuments d'un jour, nos périssables lois,
> Le choc des nations et la chute des rois ?
> Planant sur ces débris, Dieu, de son trône auguste,
> Ne porte ses regards que sur l'âme du juste :
> Tant qu'il vit sur la terre, il le livre au destin ;
> Quand la mort le couronne, il l'appelle en son sein.

L'*Éloge de Catinat*, quoiqu'il n'ait pas été couronné par l'Académie française, est une belle et noble page d'histoire, à la façon de Plutarque. Le sujet plaisait à Guibert, qui comprit et peignit Catinat autrement que ne pouvait le comprendre et le peindre La Harpe, dont l'exorde est supérieur, il faut le reconnaître. Guibert donna un libre cours à ses sentiments d'admiration pour le soldat parvenu, et fit bon marché des règles du discours. « Il n'était pas aisé que le travail tombât en des « mains plus habiles que celles de M. de Gui-« bert (1). »

Le 19 septembre 1775, Voltaire écrivit à M. le comte de Schomberg :

« J'ai été un peu piqué que M. de Guibert ne m'ait pas honoré d'un exemplaire de son *Éloge du maréchal de Catinat*. J'ai été si charmé de cet ouvrage, que je pardonne à l'auteur son indifférence pour moi. Je trouve dans le discours une grande profondeur d'idées vraies, nobles, fines et sublimes ; des morceaux d'éloquence très-touchants, une fierté courageuse et l'enthousiasme d'un homme qui aspire en secret à remplacer son héros. Le discours de M. de La Harpe est d'un digne académicien, plein d'esprit, d'éloquence et de goût ; l'autre est d'un génie guerrier et patriotique...

« LE VIEUX MALADE DE FERNEY. »

M. le comte de Schomberg ayant communiqué cette lettre à Guibert, celui-ci répondit à Voltaire une épître toute flatteuse qui dut calmer l'humeur du vieux malade : « J'ai cru, disait Guibert, que « l'ouvrage couronné avait seul le droit de vous

---

(1) *Année littéraire*, V^e vol. 1775.

« être offert....., » et plus loin : « J'ai prétendu en
« secret à votre suffrage plus qu'à la couronne de
« l'Académie. Retiré aux pieds des Alpes, vous y
« faites le destin de notre littérature, et vous pou-
« vez vous appliquer avec justice ce vers de Ser-
« torius :

« Rome n'est plus dans Rome, elle est toute où je suis. »

Ces détails donnent une juste idée de la position littéraire de Guibert, de l'estime dont il jouissait, de l'importance que les plus grands esprits attachaient à ses moindres attentions.

Lorsque l'Académie française mit au concours l'*Éloge du chancelier de l'Hospital*, Guibert, blessé du jugement précédent, ne voulut pas composer un discours académique. Il écrivit son *Éloge de l'Hospital* qui fut un acte politique autant qu'un monument littéraire. Les membres les plus distingués de l'Académie française lui adressèrent des félicitations, et l'ouvrage produisit une véritable sensation. Fréron, dans sa critique, avait mis l'*Éloge de Catinat* par Guibert fort au-dessus de l'œuvre de La Harpe. Cette fois, le public se prononça si énergiquement en faveur de Guibert, que la cour s'en montra presque offensée.

On sait ce qu'avait été le chancelier de l'Hospital ;

on connaît cette grande existence vouée à la justice, à la tolérance, à l'indépendance, au milieu des guerres civiles et des luttes religieuses. Guibert saisit des allusions et se montra d'une hardiesse qui allait jusqu'à l'imprudence. Afin que nul ne s'y méprît, il adopta pour épigraphe cette pensée un peu hardie : *Ce n'est pas aux esclaves à louer les grands hommes.* Messieurs de l'Académie française ne se montrèrent pas ennemis de l'indépendance des lettres, puisqu'ils admirent plus tard le comte de Guibert en leur compagnie. L'*Éloge du chancelier de l'Hospital*, publié sous le voile de l'anonyme, renferme des idées libérales et des traits d'une hardiesse incroyable. C'est une belle étude, éloquente, animée et par-dessus tout très-savante.

L'*Éloge du roi de Prusse* restera comme un ouvrage complet, un livre à part, que tout militaire doit connaître: L'*Éloge d'Élisa*, disent les écrivains contemporains, « est un tribut payé par le « génie à l'amitié, à la vertu, aux sentiments, aux « grâces de l'esprit. » En effet, mademoiselle de Lespinasse, qui, dans son admiration pour Sterne, prenait le nom d'Élisa, mademoiselle de Lespinasse, disons-nous, avait beaucoup de sentiment, beaucoup de grâces, beaucoup d'esprit, peut-être un peu moins de vertu ; d'Alembert, Turgot, le marquis de Caraccioli, le vicomte de la Rochefoucauld, le chevalier de Chastellux, Mably, Condillac, l'abbé Arnaud et le comte de Guibert se réunissaient dans son salon. Tous donnèrent des regrets à mademoiselle de Lespinasse, mais d'Alembert et Guibert furent les seuls qui pleurèrent Élisa.

D'Alembert écrivit, le 22 juillet 1776, cette belle page qui a pour titre : *Aux mânes de mademoiselle de Lespinasse*. Nous avons lu cet adieu touchant et l'adieu qui suit: eh bien ! l'*Éloge d'Élisa* par Guibert ne nous semble pas indigne d'être comparé aux douloureux souvenirs de d'Alembert. Nous ne nous occupons ici de cet éloge qu'au point de vue littéraire ; nous aurons à l'examiner comme expression de sentiment.

N'en avons-nous pas dit assez pour prouver que le comte de Guibert n'était point un *esprit médiocre*, un *écrivain de régiment* ?

Au reste, Guibert, dans son discours de réception à l'Académie française, dit avec modestie :
« Ami des lettres plutôt que littérateur, ayant tou-
« jours écrit par instinct plutôt qu'avec méditation,
« il ne m'appartient pas de discuter devant vous
« ni les règles du langage, ni les principes de l'élo-
« quence : j'en recevrai parmi vous les leçons et

« les exemples. » Un autre passage de ce discours doit être rappelé ; nous avons à en tirer les conséquences : « Qu'il me soit permis, disait le récipien-
« daire, de me parer ici d'un souvenir qui me
« flattera toute ma vie. M. Thomas était un des
« accadémiciens qui m'avaient le plus souvent in-
« vité à me présenter ; et si cette idée touchante
« de M. d'Alembert, que les académiciens eussent,
« en mourant, le droit de donner leur voix, avait
« eu son exécution, je puis croire que M. Thomas,
« qui n'avait jamais trahi la vérité, qui n'avait
« jamais fait des témoignages de son estime une
« monnaie infidèle, m'aurait assuré ce legs hono-
« rable. »

Thomas de son vivant même, avait donc porté un jugement sur M. de Guibert. Mais comment jugeait Thomas ? Il nous le dit lui-même (1) :

« O écrivains ! que la vérité ait un asile dans vos ouvrages ; que chacun de vous fasse le serment de ne jamais flatter, de ne jamais tromper.

« Avant de juger un homme, interrogez sa vie... Êtes-vous destinés par vos talents à la renommée, songez que chaque ligne que vous écrivez ne s'effacera plus ; montrez-la donc d'avance à la postérité qui vous lira, et tremblez

---

(1) *Essai sur les Éloges.*

qu'après avoir lu, elle ne détourne son regard avec mépris. Non, le génie n'est pas fait pour trafiquer du mensonge.

« Juger de tout, apprécier la vie et l'intérêt des hommes et l'intérêt des sociétés, s'instruire par les siècles et instruire le sien, distribuer sur la terre et la gloire et la honte, et faire ce partage comme Dieu et la conscience le feraient, voilà la fonction de l'écrivain. »

Thomas avait donc jugé le comte de Guibert, lorsqu'il lui offrait un fauteuil à l'Académie française. Thomas n'eût pas offert un fauteuil académique à l'*écrivain de caserne*, au *mauvais poëte*, au *perfide cœur*.

V

LE COMTE DE GUIBERT HOMME DU MONDE ET HOMME PRIVÉ.

Heureuses les femmes qui ont été aimées durant leur vie et qui le sont encore après leur mort ! Heureuses celles qui, par les charmes de leur esprit, ont régné sur les cœurs de nos pères et qui règneront sur les cœurs de nos fils ! Mademoiselle de Lespinasse est au nombre des plus heureuses. Semblable à ces officiers de fortune qui, sans naissance, sans richesse, sans appuis, par la puissance seule du génie, s'élèvent à la tête des armées, Julie de Lespinasse, sans naissance, sans richesses et sans appui, par la seule puissance de son cœur, devint l'une des célébrités de son temps. Nous devons donc l'admirer autant que nous l'aimons. Mais faut-il, dans notre admiration pour mademoiselle de Lespinasse, être impitoyable pour le comte de Guibert? faut-il le haïr et le livrer au mépris de la postérité? Un critique a écrit (1) : « M. de Guibert n'était qu'un cadet de famille, né « *tout simplement* à Montauban... Cet homme ne « pensait qu'à lui. Il voulait être duc et pair, cordon « rouge ou bleu, et, chemin faisant, il n'était pas « fâché de passer par l'Académie... » Ailleurs, le même critique accuse Guibert d'avoir accordé des soins à mademoiselle de Lespinasse pour devenir, par son crédit, général et académicien.

Ceci serait odieux. Rien, dans la correspondance de mademoiselle de Lespinasse, ne prouve que cette femme, dont les sentiments étaient si élevés, se soit occupée de la fortune du comte. M. de Guibert fut cruel pour mademoiselle de Lespinasse, moins cruel cependant que le critique, car si Guibert tua le corps de cette pauvre femme et la fit mourir, il honora sa mémoire et répandit sur sa tombe des

---

(1) *Lettres de mademoiselle de Lespinasse*; Notice biographique de M. Jules Janin.

larmes amères. Le critique, au contraire, flétrit cette mémoire, que nous étions habitués à respecter, arrache sans pitié le voile qui cachait de lamentables fautes, et nous fait même douter que mademoiselle de Lespinasse tînt *à la vertu par le remords* (1).

« Il faut en effet que mademoiselle de Lespi« nasse ait été reconnue depuis longtemps la reine « et le modèle des femmes qui ont jeté, comme on « dit, leur bonnet par-dessus les moulins (2). » Le critique, nous apprend, à nous qui ne voudrions pas le savoir, que mademoiselle de Lespinasse était non-seulement une économiste et une encyclopédiste qui avait ses exagérations, ses enthousiasmes, ses disparates, ses contradictions, ses folies, ses, etc., etc., mais qu'elle aimait autant *Manon Lescaut* que le *Voyage sentimental.* Il nous apprend que mademoiselle de Lespinasse a lu la première *Candide* et le poëme de Voltaire sur Jeanne d'Arc, que Diderot lui a raconté les *Bijoux indiscrets*, que Crébillon fils assistait à sa toilette, tandis que Favart et Voisenon lui donnaient les premiers produits de leur verve licencieuse. Il nous assure qu'elle

---

(1) Expression de mademoiselle de Lespinasse. *Lettres.*
(2) Jules Janin.

savait tout et discutait même avec le docteur Bordeu, sur les mystérieux phénomènes de l'anatomie, pendant le sommeil de d'Alembert, qui rêvassait des impiétés. Tant de science et quarante ans d'âge, peu de beauté et force jalousie devaient peu contribuer à l'illusion.

Le critique a trop vécu dans le grand monde littéraire d'autrefois avec le président Hénault, Horace Walpole, Gibbon, Voltaire, d'Alembert; il s'est trop souvent assis aux salons de madame du Deffant, de madame Geoffrin et de mademoiselle de Lespinasse, pour que son opinion sur Guibert ne nous ait pas ému. Le doute allait s'emparer de notre esprit, et peut-être serions-nous resté simple spectateur de la querelle, lorsqu'une femme nous a rendu le courage. Celle-là a bien le droit de parler, car elle se nomme madame de Staël. Après l'avoir écoutée, nous pouvions répéter la vieille maxime : *Ipse dixit, le maître l'a dit.*

« Je vais parler de M. de Guibert, et quoique chaque trait de son éloge soit un souvenir déchirant pour moi, je me condamne à cet effort pour en donner l'exemple.

. . . .

« Personne n'admirait avec plus de plaisir. Il manquait peut-être de cette bienveillance qui encourage la médiocrité, de cet art de louer ce qui nous est inférieur, plus utile à soi qu'aux autres, et qui ne les élève jamais qu'à la hauteur de notre point d'appui ; mais, s'il rencontrait son digne rival ou son véritable supérieur, c'est alors qu'il le vantait avec transport. Il savait gré de l'enthousiasme qu'on lui inspirait ; il aimait l'homme qui reculait, à ses yeux, les bornes du génie de l'homme, et, soit qu'il espérât dans ses forces, soit qu'il se livrât à la pureté de son cœur, jamais on ne s'est montré plus ardent enthousiaste de la gloire dont il recueillit la trace ou dont il fut le témoin.

« La profonde admiration de M. de Guibert pour mon père, sa vénération pour ma mère captivèrent d'abord mon intérêt ; un culte commun, un âge distant du mien me permirent de me livrer, dès mon enfance, à cette amitié qui, depuis huit ans, a fait d'autant plus le charme de ma vie que je devenais plus en état d'en sentir tout le prix. Je tracerai le portrait de son caractère au moment où je l'ai connu moi-même. On a fait de ce caractère l'excuse et le prétexte de tant d'injustices qu'il est important de l'examiner. D'ailleurs, c'est suivre l'exemple donné par M. de Guibert que de peindre le caractère moral d'un homme célèbre par ses actions ou par ses écrits ; c'est une belle étude du cœur humain : c'est une grande et utile dignité accordée aux vertus privées que de faire connaître leurs liaisons avec les vertus publiques.

« M. de Guibert était violent de caractère et impétueux d'esprit ; mais l'un et l'autre de ces mouvements n'avaient rien de durable, et ses actions ou ses décisions n'en dépendaient jamais. Il avait de la mobilité dans la sensibilité, mais de la constance dans la bonté ; il possédait éminemment cette qualité ; aucun ressentiment, aucun ressouvenir même ne restait dans son âme : sa douceur et sa supériorité en étaient la cause. Il ne remarquait pas, il n'observait pas les torts dont se composent la plupart des inimitiés ; il ne recevait pas les coups d'assez près pour en sentir une atteinte profonde ; il était réservé à l'injustice publique de blesser une âme qui avait pardonné tout ce dont elle aurait pu se venger. Cette disposition à la bienveillance lui inspira trop d'assurance ; il se crut certain de n'être point haï, parce qu'il ne haïssait pas, et pensa qu'il lui suffisait de se connaître.

« Il avait aussi, pourquoi le dissimuler ? un extrême amour-propre, dont les formes ostensibles déplaisaient à ses amis presque autant qu'à ses détracteurs, parce qu'il ôtait aux premiers le plaisir qu'ils auraient trouvé à le louer : mais il n'avait conservé de ce défaut, comme de tous ceux qu'il pouvait avoir, que les inconvénients qui nuisaient à lui-même et point aux autres. Nul dédain, nulle amertume, nulle envie n'accompagnaient son amour-propre ; il montrait seulement ce que les autres cachaient ; il les associait à sa pensée. C'est à cette manière d'être, néanmoins, qu'il faut attribuer la plupart des inimitiés dont il est l'objet. Une tête haute, un ton tranchant révoltaient la médiocrité. Cependant ceux qui jugeaient plus avant reconnurent, chez M. de Guibert, la confiance prolongée de la jeunesse dans les autres comme en soi, mais non l'habitude et la combinaison de l'orgueil.

« Sa conversation était la plus variée, la plus animée, la plus féconde que j'aie jamais connue. Il n'avait pas cette finesse d'observation ou de plaisanterie qui tient au calme de l'esprit, et pour laquelle il faut attendre plutôt que devancer les idées ; mais il avait des pensées nouvelles sur chaque objet, un intérêt habituel pour tous. Dans le monde, ou seul avec vous, dans quelque disposition d'âme qu'il fût

9

ou que vous fussiez, le mouvement de son esprit ne s'arrêtait pas; il le communiquait infailliblement, et, si l'on ne revenait pas en le citant comme le plus aimable, on parlait toujours de la soirée qu'on avait passée avec lui comme de la plus agréable de toutes.

« Qui me rendra ces longues conversations où je le voyais développer tant d'imagination et tant d'idées? Ce n'était pas en versant des pleurs avec vous qu'il savait vous consoler; mais personne n'adoucissait mieux la peine en parlant, ne faisait mieux supporter les réflexions en vous les présentant sous toutes leurs faces.

« Ce n'était pas un ami de chaque instant ni de chaque jour. Il était distrait des autres par sa pensée et peut-être par lui-même; mais sans parler de ces grands services dont tant de gens se disent capables, et pour lesquels on a toujours retrouvé M. de Guibert, lorsqu'il revenait à vous, en une heure on renouait avec lui le fil de tous ses sentiments et de toutes ses pensées; son âme entière vous appartenait en vous parlant. Je crois bien que l'amour, que l'amitié sont les illusions plutôt que l'occupation habituelle de ces hommes doués d'un génie supérieur; mais M. de Guibert avait tant de bonté dans le cœur, tant de goût pour toute espèce de distinction, tant de besoin, sur la fin de sa vie, de s'appuyer sur ceux qui l'aimaient, que ses amis pouvaient se flatter qu'il attachait du prix à leurs sentiments.

« Heureux fils, heureux frère, heureux époux, heureux père, il sut respecter ces saintes relations, et ce sont les seules de ces vertus dans l'exercice desquelles il n'ait pas trouvé de mécompte. Les officiers, les soldats de son régiment, ses domestiques, tous ceux qui étaient de quelque manière dans sa dépendance, l'aimaient avec passion; il les avait toujours traités avec une bonté remarquable ; celui qui peut se confier dans ses propres forces n'abuse jamais du pouvoir qu'il doit aux circonstances.

« La pièce des *Gracques* est mieux écrite que celle du *Connétable*, et renferme encore plus de beaux vers. Je sais bien qu'il ne faut pas comparer les pièces de M. de Guibert avec les chefs-d'œuvre de l'art, on l'a dit, on l'a peut-être prouvé ; mais il faut donner le *Connétable* devant des guerriers, les *Gracques* devant des citoyens, *Anne de Boleyn* devant des hommes passionnés pour leurs maîtresses, et leur demander ensuite à tous s'ils ont senti leur âme profondément émue, et si ce spectacle n'est pas au nombre des grands souvenirs de leur vie ? »

Marmontel, dans ses *Mémoires*, nous apprend que mademoiselle de Lespinasse ne voyait rien de comparable au talent d'écrire de M. de Guibert. Elle aimait en lui un grand talent littéraire, elle l'engageait même vivement à quitter le service militaire, si ingrat, si trompeur, pour se livrer exclusivement aux lettres. Elle écrit, le 7 novembre 1774 :

« Ah ! le président de Montesquieu a raison : *Le gouvernement fait les hommes.* Un homme doué d'énergie, d'élévation et de génie, est, dans ce pays-ci, comme un lion enchaîné dans une ménagerie, et le sentiment qu'il a de sa force le met à la torture : c'est un Patagon condamné à marcher sur ses genoux. Mon ami, il n'y a qu'une carrière ouverte pour la gloire, mais elle est belle ; c'est celle des Molière, des Racine, des Voltaire, des d'Alembert, etc., etc.

Oui, mon ami, il faut vous borner à cela, parce que la nature l'a voulu ainsi... »

Guibert eut pour mademoiselle de Lespinasse un attachement aussi profond que vrai ; il vit en elle un ami : « Elisa n'était rien moins que belle, dit-
« il, et ses traits avaient encore été défigurés par
« la petite vérole ; mais sa laideur n'avait rien de
« repoussant au premier coup d'œil ; au second,
« on s'y accoutumait, et dès qu'elle parlait, on l'a-
« vait oubliée..... » M. de Guibert ne considéra jamais mademoiselle de Lespinasse comme un échelon pour sa fortune ; il vit en elle un guide, un confident de ses pensées, de ses espoirs, de ses regrets. « Elisa n'est plus ! s'écrie-t-il (1) ; qui éclai-
« rera mon jugement, qui échauffera mon imagi-
« nation, qui m'enflammera pour la gloire ! qui
« remplacera pour moi le sentiment profond qu'elle
« m'inspirait ! que ferai-je de mon âme et de ma
« vie ? O mon cœur rappelle à ma pensée ce que
« fut Elisa... » Mademoiselle de Lespinasse fut pour Guibert un fidèle ami. Elle contribua à sa réputation littéraire, jamais à sa fortune militaire. « Livrez-vous à votre talent, écrivait-elle, occupez-

---

(1) *Eloges.*

« vous, travaillez de suite, car si vous continuez
« cette vie dissipée, agitée, j'ai peur que vous ne
« soyez réduit à dire un jour : *Le besoin de la gloire*
« *a fatigué mon âme* (1). »

Le malheur de sa naissance, l'isolement du cœur, détournèrent mademoiselle de Lespinasse de la voie où elle eût trouvé le calme de la paix, les joies de la conscience. Mais voulait-on que Guibert suivît dans ses rêves dévorants « cette fille du soleil, « du climat brûlant de l'équateur, cette femme « enchanteresse qui avait le privilége d'électriser « les cœurs les plus apathiques, de rendre le mar-« bre sensible, et de faire penser la matière (2)? » Elle mourut de remords et de douleur, non de honte, car Guibert fut discret jusqu'au delà de la tombe. Elle s'est réfugiée dans le sein de Dieu, et Dieu, dans sa miséricorde, l'a purifiée par le pardon.

M. de Guibert se maria et donna l'exemple de toutes les vertus privées. C'est au pieux souvenir d'une épouse que nous devons la publication de ses manuscrits.

---

(1) Lettre xxxix. 1774.
(2) Expression de Guibert.

VI

RÉSUMÉ.

« Il ne manquait à Voiture qu'une société moins
« gâtée, du côté du goût, pour faire de lui un ex-
« cellent écrivain, » a dit Marmontel. Nous pourrions presque dire la même chose de Guibert. La
société philosophique le détourna de sa route ; il y
perdit les belles traditions de son père. L'ambition
le poursuivit, et, pour son malheur, en devenant
ambitieux, il ne perdit pas l'orgueil. A son orgueil
de caste, il joignit la vanité littéraire et philosophique. Lui, gentilhomme d'épée, se mit à la re-
morque des pédants, qui le jetèrent en avant dans
les querelles de partis.

L'homme d'épée est exclusivement homme d'action ; aussi, en tous temps, les hommes d'épée se
sont-ils égarés lorsqu'ils se sont mêlées au monde
philosophique, littéraire ou politique ; ils sont peu
propres aux querelles, aux ruses, aux habiletés des
sociétés autres que la leur. Sensibles à la flatterie,
ils se laissent facilement égarer, et sont dupes,
même lorsqu'ils croient régner. On se sert d'eux
comme d'un instrument. Lorsqu'ils sont usés,

ce qui arrive promptement, on les repousse parce qu'ils seraient un embarras. D'ailleurs, l'exercice du commandement militaire façonne l'homme au despotisme personnel.

Guibert, colonel du régiment de Neustrie, ne consentit pas volontiers à rester simple citoyen dans la république des lettres. Là encore, il aurait désiré la première place ; il s'en croyait digne et le laissait trop deviner. On le flatta, on le craignit, mais il ne fut point aimé. Il était trop homme d'épée pour plaire aux hommes de lettres. D'un autre côté, l'armée redoutait cet esprit tranchant qui décidait en toutes circonstances, et le prenait de haut avec les vieux maîtres. Frondeur, satirique, diseur de bons mots, impitoyable pour la sottise brodée d'or, riant des petites choses dont vivent les petites gens, le colonel comte de Guibert se fit dans l'armée d'implacables ennemis ; la cour partout le poursuivait de sa haine ; on fut jaloux de lui : il était trop homme de lettres pour plaire aux hommes d'épée.

Il battit en brèche les traditions et l'autorité, lui, homme de traditions et d'autorité. Fils des croisades, il ne se souvint pas que sa plume autant que son épée devait défendre le trône de France et la religion de ses pères. Il oublia ce mot si vrai de

Chamfort : « Pour réussir dans le monde, il faut
« se laisser enseigner beaucoup de choses que l'on
« sait par des gens qui les ignorent. » Il ne devina point cet autre mot d'un moderne écrivain :
« Cachez votre esprit si vous voulez arriver. Il
« sera toujours temps d'avoir de l'esprit, lorsque,
« suivant la carrière entreprise, vous serez arche-
« vêque, premier président ou général d'armée. »
Il voulut toujours enseigner et toujours montrer
son esprit.

Guibert s'obstina à réformer la société militaire,
à la bouleverser de fond en comble. Ne réforme pas
qui veut. Toutes réformes, pour être justes et
utiles, doivent venir en leur temps. Guibert fut
frappé du nombre excessif des grades militaires.
Il vit la cour encombrée de colonels sans régiment
et de généraux sans armée Il voulut les faire disparaître. Comment ne comprit-il pas que ces gentilshommes étaient les enfants de cette noblesse de
province, venus des champs de bataille à la
cour, sous Louis XIII et sous Louis XIV, disons-le,
sous Richelieu, après avoir donné au souverain
leurs terres, leurs châteaux, leur or et leur sang ?
Les pensions, les honneurs que leur octroyait le
trône n'étaient rien, en comparaison de l'existence
de leurs pères, rien, en comparaison des sacrifices

faits à la monarchie. Mieux qu'un autre, Guibert savait qu'aux jours du péril, ces officiers, peu savants, aux yeux de M. d'Alembert, donnaient à la patrie, au souverain, des capitaines comme d'Assas, des généraux comme Villars. Mais l'esprit philosophique l'aveuglait. Puis vinrent le découragement et les regrets. Il peint ses propres sentiments, sentiments douloureux, dans cette phrase de son éloge de Catinat :

« O vous, dont l'avénement au trône a excité tant d'enthousiasme, fournissez des aliments à l'enthousiasme, repliez, concentrez sur eux-mêmes, en sachant les employer, ces hommes qui, tourmentés de leurs talents, s'agitent en tous sens ; et alors vous verrez ce que peut l'enthousiasme. Ah ! si vous saviez combien de certaines âmes sont fatiguées de leur inaction ; c'est là ce qui les rend inquiètes, ardentes, mobiles, égarées ; elles se sentent à la chaîne et elles voudraient s'élancer ; quelquefois, une amertume involontaire les aigrit ; d'autres fois, le découragement du désespoir les accable. O beaux jours du règne de Louis XIV ! jours que nous avons insultés depuis sans en avoir le droit, puisque les peuples n'ont pas été plus heureux, et que le nom français a eu moins de gloire, vous fûtes du moins un temps d'activité et d'enthousiasme ! Alors aucun talent ne se montrait sans que le gouvernement s'en emparât. »

Soyons indulgents pour cette douleur qui s'exhale ; Guibert a dû souffrir cruellement. Depuis sa première jeunesse, il travaillait : lorsque ses compagnons se livraient au plaisir, pendant leurs longues nuits de festins et de fêtes, il veillait sur les livres. Chaque page de ces livres est une heure, une journée peut-être, de méditations profondes qui usent la vie. Passionné pour son art, il se jette à corps perdu dans l'étude aride des sciences militaires. Son regard pénètre dans ces trésors de l'antiquité romaine, que connaissaient presque seuls les savants bénédictins. Il écrit d'admirables œuvres, se fait un nom, et se croit en droit d'attendre, comme tous, la récompense de ses services militaires. On l'oublie à dessein ; on le dédaigne. Alors sa tête s'égare et il s'élance dans les routes qui devaient le perdre à jamais.

Le mot *gloire* revient sans cesse en ses discours. Le comte de Guibert n'a-t-il pas atteint cette gloire humaine qu'il poursuivait ? Son nom n'est-il pas inscrit à côté des plus célèbres noms de son époque ! Qui connaît aujourd'hui les lieutenants généraux dont il enviait les hautes fortunes et la puissance ? A peine sait-on les noms des maréchaux de France dont les succès troublèrent le repos de ce jeune colonel. Et lui, qui se croyait déshérité, nous a légué ses beaux travaux, œuvres durables, qui lui donnent la vraie gloire.

Il se trompait en croyant chercher la gloire; c'est la fortune qu'il poursuivait : il voulait les honneurs du monde, la puissance surtout, afin de dominer. Gardons-nous d'être trop sévère pour la mémoire d'un tel homme. Supposons-nous à sa place, et demandons-nous s'il était facile ou même possible à tout cœur généreux de faire alors autrement qu'il ne fit. La monarchie se suicidait, un gouvernement sans génie, sans force, succédait à un gouvernement profondément corrompu. Louis XV avait détruit le prestige de l'autorité ; tout respect, toute confiance étaient perdus. Guibert savait qu'un homme grand par ses services, un homme d'épée comme lui, Labourdonnais, n'avait eu pour récompense que la prison de la Bastille. Le même sort l'attendait peut-être. Le pouvoir lui était apparu aux pieds de la marquise de Pompadour ou de madame Dubarry, et il méprisait le pouvoir. Ses instincts honnêtes se révoltèrent le soir même de son entrée dans le monde.

La foi n'était qu'un souvenir. Vérités religieuses, dogmes politiques, principes sociaux, disparaissaient dans un immense doute. Il y avait en France une insurrection presque générale contre toute autorité. Guibert pouvait-il être du parti de cette autorité avilie, ou du parti de ces esprits supérieurs qui se nommaient Voltaire, Montésquieu, Buffon, Rousseau, Diderot, Maupertuis, d'Alembert, Lacondamine, Jussieu, Fontenelle, Réaumur? Nous ne pourrions sans injustice accuser Guibert de n'avoir pas vu, avant nos trois ou quatre révolutions, ce que nous voyons après. Mais, dira-t-on, ceci est le règne de Louis XV et non le règne de son successeur. Guibert, dira-t-on encore, eût dû servir avec dévouement ce successeur, et ne jamais se placer dans les rangs de ses adversaires. N'oublions pas les difficultés léguées par Louis XV à son successeur ; n'oublions pas que Guibert était un homme d'action, entraîné malgré lui du côté de la force, parce qu'il se sentait fort. Il devina ces deux grands mots qui nous ont toujours frappé : celui de Mirabeau : « Nous sommes ici par la vo- « lonté du peuple, et nous n'en sortirons que par « la force des baïonnettes, » et celui de Louis XVI : « Puisqu'ils veulent y rester, il faut les y laisser. » Ne devinez-vous pas maintenant ce qui manquait au comte de Guibert? Certes, ce n'étaient ni l'esprit, ni l'instruction. Sa naissance était presque illustre, et les protecteurs ne lui auraient pas fait défaut; il possédait au suprême degré la faculté du travail, don si rare en tout temps, et qui est, aux mains de l'homme, un véritable levier; il était membre de l'Académie française, et sans contredit l'un des bons écrivains de son temps. Héros partout, à la guerre et dans les salons, homme de lettres et homme d'épée, il devait arriver à tout ; mais il lui manquait ce qui fait l'homme complet, les croyances.

N'avez-vous jamais, du sommet d'une montagne, assisté au lever du soleil ? Le jour va paraître, les objets qui vous entourent sont dans l'ombre, mais non dans l'obscurité ; vous les voyez tous avec leurs formes et leurs couleurs, formes indécises il est vrai, couleurs qui se confondent. Votre regard peut s'étendre au loin, mais une teinte uniforme, terne et pâle, enveloppe la terre, les eaux, les forêts, le firmament ; vous ne savez où finit la terre ; vous ne savez où commence le ciel ; de flottantes vapeurs voilent l'horizon, tantôt épaisses, tantôt diaphanes, et jettent en votre âme le malaise du doute. Vous croyez voir, mais vous n'êtes pas certain de voir. Tout à coup, un rayon de soleil illumine le monde, et la nature entière vous apparaît dans sa vérité. Les ombres fuient, les objets prennent des formes distinctes, les couleurs brillent, et des lignes tranchées séparent ce qui était confondu. Alors seulement vous voyez. Cette soudaine illumination se produit au moral par le réveil de la foi, comme au physique par le lever du soleil.

Le comte de Guibert n'eut jamais ce réveil. Qu'on lise ses ouvrages ; il décrit savamment les modes divers de formation d'armée, il organise des troupes, les administre, les commande, en fait des instruments de tactique ; mais dans le soldat, il ne voit qu'une *machine de guerre*, il ne voit pas l'âme, il n'entend pas les battements du cœur, parce qu'il est sans croyances. Une seule fois (1), il se souvient que Caton, chef des armées romaines en Espagne, veut que ses soldats soient non-seulement braves, mais honnêtes gens.

Moins sceptique, Guibert aurait cherché le secret des grandeurs militaires non-seulement dans les marches qui préparent la victoire, non-seulement dans l'artillerie qui foudroie, mais aussi dans l'âme, dans le cœur, dans l'esprit des armées. Au lieu de cela, Guibert se laisse aller à la commode licence de la morale philosophique, il s'abandonne aux séductions de la vie matérielle ou intellectuelle, aux plaisirs, aux ambitions. Il ignore ces vertus modestes, simples, naïves de tous les jours et de

---

(1) *Essai général de tactique*, p. 455.

tous les instants. Il ignore l'abnégation qui modère les désirs et détache des grandeurs ; il ignore la résignation qui repose l'âme agitée et console des disgrâces. Les bruits qui grondent sourdement dans le sein de la société, les secousses qui commencent à l'ébranler ne peuvent même éclairer ce philosophe ! Ces mots vieux comme le monde : Devoir, morale, autorité, religion, n'arrêtent pas sa pensée distraite. Il ne s'était jamais demandé, lui si savant, d'où venaient les réelles grandeurs des Lahire et des Bayard, et la gloire de Saint-Louis.

Beau par l'intelligence, puissant par l'esprit, heureux par la fortune et la naissance, il ne put atteindre la véritable grandeur. Il lui arriva ce qui arrive à tous ceux *qui, ayant rompu avec la loi divine, ne cèdent qu'aux mouvements qu'ils trouvent en eux et dans leur nature* (1).

---

(1) Pascal.

LE

BARON LARREY.

I

Ceux qui ne veulent voir dans les armées permanentes que ruine et destruction doivent être saisis d'admiration et de respect en découvrant au milieu de ces armées qui donnent la mort des hommes qui ont pour mission de conserver la vie. Dans cet espace étroit nommé champ de bataille, des soldats venus de pays lointains, inconnus les uns aux autres, sans haines personnelles, s'entre-tuent pour obéir à certaines lois humaines créées par les civilisations, et qui sont le droit des gens et le droit de la guerre. Ces combattants sont les représentants d'intérêts nationaux pour lesquels ils meurent. Cependant, l'humanité, la famille, la religion conservent leurs droits, supérieurs aux intérêts. La blessure faite par le soldat est pansée par le chirurgien, qui, impassible au milieu des colères, est là, comme le génie de l'humanité, pour que le mal soit le moindre possible devant Dieu et devant les hommes.

Il n'est pas ici-bas de plus noble tâche. Ceux qui la remplissent payent souvent de la vie leur modeste gloire, qu'ignore un monde avide surtout de triomphes éclatants. On pourrait dire du chirurgien militaire en campagne ce que le général Foy disait des capitaines d'infanterie du premier Empire : « Etrangers aux jouissances d'amour-propre de l'officier général, exempts de l'ivresse du soldat, ces martyrs du devoir se consumaient dans la résignation. » Napoléon Ier comprenait toute l'importance de la chirurgie militaire. Il honora d'une confiance sans bornes l'homme en qui cette profession se personnifiait, le savant et dévoué Larrey ; il lui décerna un titre nobiliaire. Il fit plus, sur le rocher de Sainte-Hélène, il plaça le nom de Larrey dans son testament, avec ces mots, qui valent plus que tous les titres et dépassent tous les éloges : « C'est l'homme le plus vertueux que j'aie connu. »

Le nom de Larrey est inscrit sur l'arc de triomphe de l'Étoile, au milieu des noms des capitaines qui, sous la République, sauvèrent la France, qui, sous l'Empire, la firent si grande et si puissante. Napoléon voulait encore plus pour son chirurgien en chef lorsqu'il disait : « Quel homme ! quel brave et digne homme que Larrey ! que de soins donnés par lui à l'armée en Egypte, dans la traversée du désert, soit après Saint-Jean d'Acre, soit en Europe ! J'ai conçu pour lui une estime qui ne s'est jamais démentie. Si l'armée élève une colonne à la reconnaissance, elle doit l'ériger à Larrey. »

Le baron Larrey est l'expression la plus haute et la plus complète de la chirurgie d'armée ; il en résume tous les devoirs, toutes les vertus. Si la science, le dévouement, l'abnégation, les sentiments les plus austères sont indispensables à celui qui pratique l'art de guérir au milieu du calme des cités, il faut au chirurgien militaire d'autres vertus encore, plus viriles parce qu'elles s'exercent dans la sphère de la discipline militaire ; ces vertus, particulières au médecin d'armée, sont le courage guerrier, la force morale, un jugement tellement soudain qu'il a le caractère de l'inspiration : d'une hésitation dépend la mort ou la vie ; son esprit, fécond en ressources, doit faire face à tous les événements ; son corps, plus infatigable que celui du soldat, doit résister à tout ; la fermeté de son âme doit s'allier à la bonté du cœur. Nous ne parlons pas d'une activité, d'un dévouement sans lesquels sa mission serait impossible ; il n'a pas un malade, il en a des centaines, envahis souvent par des fléaux dont les noms seuls portent l'effroi dans les populations. Le médecin militaire vit au milieu d'eux, s'immolant au salut des malades. Lorsqu'il échappe à ce foyer pestilentiel, le corps et l'âme endoloris, sa place est marquée au champ de bataille. Là, sur une terre labourée par le canon, humide de sang, au milieu des balles égarées, assourdi par le tumulte du combat mêlé aux cris de la souffrance, l'officier de santé devra se souvenir des paisibles enseignements de l'art. Son œil sera sans trouble et sa main restera ferme. Il y a loin de cette dévorante pratique des champs de bataille au patient exercice de l'art dans les villes : ici, le mal est venu par les sentiers connus ; là, on a été chercher la blessure qui arrive par des voies souvent ignorées, sous des formes bizarres, avec mille aspects étranges et nouveaux. Le médecin civil applique l'art, et sa pensée, que protége le silence, se meut dans un cercle déterminé ; l'art ne suffirait pas au chirurgien militaire, les leçons de l'école, les enseignements des maîtres n'ont pu prévoir les phénomènes mystérieux du projectile.

L'officier de santé doit donc deviner, inventer, créer. C'est au bruit du canon qu'il se livre à des calculs, à des combinaisons dont le résultat immédiat est la mort ou la vie. Il compte avec les climats, les saisons, la marche des armées, leurs ressources, le moral des troupes, leur état physique, et il compte encore avec le commandement et avec l'administration militaire.

Larrey était un chirurgien d'armée complet : il fut le premier de sa race. Jusqu'à lui, on avait ignoré la grandeur et l'importance de la chirurgie aux armées. Non-seulement il organisa le service, l'éleva à la hauteur où Napoléon élevait l'édifice de sa puissance militaire, mais il fit plus encore, et c'est là surtout que sa personnalité apparaît brillante et pure : il a l'intrépidité du capitaine le plus brave, la sévère probité du plus intègre administrateur, l'ardeur, l'activité du simple soldat, l'humanité d'un père, le courage du magistrat ; il est savant, il aime son art avec passion ; son esprit observateur ne laisse échapper aucun phénomène sans en tenir compte. D'ailleurs, d'une bonté, d'une simplicité qui le font chérir de tous, et en même temps d'une vertu qui commande le respect universel. L'ambition lui est étrangère, il dédaigne la fortune et vit au milieu de la Grande Armée comme un homme à part, une sorte de providence qu'invoquent tour à tour les amis et les ennemis, les maréchaux de France et les simples soldats. Sa mission, sa magistrature, l'ont placé à la hauteur des chefs suprêmes dont il est le camarade. C'est que lui aussi est général en chef ; il a son armée qu'il commande et fait manœuvrer. A la vue de l'ennemi, Larrey prend ses dispositions ; son avant-garde pénètre au loin pour enlever les blessés, sa ligne d'ambulances est au corps de bataille, ses réserves attendent ; il a même ses voitures légères qui rivalisent de vitesse avec l'artillerie à cheval et les hussards. Cette armée qui conserve est faite à l'image de l'armée qui détruit ; ses ambulances se portent en avant, changent de front, battent en retraite, comme l'armée qu'elles protégent. Tantôt, traversant au galop de son cheval les lignes ou les colonnes, Larrey donne ses ordres aux chirurgiens qui le suivent. Il place une ambulance, en déplace une autre, d'après les positions nouvelles prises par les corps qui combattent ; il mesure du regard le développement de la bataille, considère tour à tour l'artillerie, les accidents de terrain, la profondeur des colonnes et prévoit ce qu'il y aura le soir de blessés et de mourants.

Dans sa course à travers la bataille, il opère les

plus dangereusement atteints sans tenir compte des grades ou des nationalités : il a pour tous des mots d'encouragement, et il est assez maître de lui pour conserver, même sous la mitraille, ces formes douces et bienveillantes, cette charité de bonnes paroles, dont la science, même aux villes, n'a pas toujours compris la sainteté. Jamais Larrey n'oublie de sillonner le terrain que l'ennemi vient d'abandonner, de recueillir les blessés comme des frères, d'étancher de ses propres mains le sang de leurs plaies, et de leur prouver que si la France est grande par le courage, elle est aussi grande par l'humanité.

II

Né en 1766, au pied des Hautes-Pyrénées, dans la vallée de Campan, au village de Baudéan, Jean-Dominique Larrey appartenait à ces classes moyennes si riches alors en intelligence et en vigoureuse énergie. L'un de ses oncles, Alexis Larrey, chirurgien-major à Toulouse, présida à ses études. Après s'être distingué au collége de l'Esquille dans les lettres anciennes et la philosophie, l'étudiant vint se placer sous la direction même de son oncle, savant professeur du grand hôpital.

Larrey quitta Toulouse en 1787 et se rendit à Paris. Là, il concourut pour le grade de chirurgien de la marine. Après avoir réussi dans ses épreuves, il alla s'embarquer à Brest. Deux nouveaux examens l'élevèrent avant l'âge de vingt et un ans, malgré la règle et l'usage, au grade de chirurgien-major des vaisseaux du roi. Embarqué sur la frégate *la Vigilante*, le jeune chirurgien fit sa première campagne à l'île de Terre-Neuve. Son journal de voyage, qui existe encore, prouve que Larrey ne s'occupait pas seulement de médecine; il observait avec une curiosité scientifique le climat et l'histoire naturelle de ces régions lointaines. Le chirurgien-major de la marine, quoique à ses débuts, avait si habilement organisé le service de santé, qu'à son retour à Paris, en octobre 1788, il put déposer au ministère de la marine les témoignages écrits les plus flatteurs de l'intendant général et du conseil de santé de Brest.

Les événements politiques de 1789 donnèrent lieu à des conflits entre les troupes et le peuple. Une ambulance fut formée sous la direction du chirurgien Desault, et Larrey y eut un service médical. Il poursuivait en même temps ses études pratiques à l'Hôtel-Dieu et à l'hôtel royal des Invalides. Trois années s'écoulèrent ainsi.

La guerre vint arracher Larrey à sa studieuse solitude. On déclarait la patrie en danger ; il partit pour l'armée du Rhin avec les enfants de Paris. Le ministre de la guerre lui envoya le brevet d'aide-major ; il servit successivement sous Luckner, Kellermann, Biron et Custine. Esprit essentiellement observateur, le jeune aide-major fut frappé des inconvénients de l'organisation des ambulances. Les règlements d'alors plaçaient ces ambulances à une lieue de l'armée ; entre elles et les combattants se glissaient peu à peu les équipages et gens de suite. Tout blessé restait sur le terrain jusqu'au terme de la bataille. Réunis alors, ces blessés étaient transportés par des moyens divers aux ambulances, traversant, non sans peine, les voitures en désordre. Ces malheureux blessés erraient à l'aventure, ballottés, égarés, souvent maltraités par des mercenaires non constitués en corps militaire ; en cas d'échec, les blessés se voyaient abandonnés. Dans le cas le plus favorable, ils n'étaient remis aux mains des chirurgiens que le lendemain du jour où la blessure avait été reçue : la mortalité était effrayante. Emu de ce douloureux spectacle si contraire aux lois de l'humanité, aux intérêts de la discipline et aux succès des armées, Larrey s'efforça d'y porter remède.

Percy avait inventé le *wurtz*, sorte de petit caisson étroit et allongé renfermant les objets nécessaires aux opérations, et s'arrondissant par en haut sur toute sa longueur pour former, comme l'indique le nom allemand, une espèce de boudin sur lequel les chirurgiens se mettaient à cheval, descendant et montant avec promptitude. Chaque wurtz, attelé de six chevaux, était monté par huit chirurgiens et huit servants, dont quatre s'asseyaient sur les coffres de devant et de derrière, et les quatre autres se tenaient sur les chevaux. Le wurtz et les coffres contenaient des secours pour douze cents blessés. Sous le chevalet se trouvaient des brancards pour aller relever sur le champ de bataille ceux qui ne pouvaient marcher; manœuvrant aussi vite que l'artillerie, ces voitures portaient les secours sur les lignes de bataille, au milieu du feu.

Ce n'est pas le lieu de discuter les avantages et les inconvénients du wurtz de Percy, qui était un progrès sérieux. Larrey prit les choses de plus haut et créa une organisation complète. Le système d'ambulance de Larrey est basé sur des principes qui en faisaient un service d'ensemble sous la direction du chirurgien en chef de l'armée. Cette grande ambulance se composait de plusieurs divisions; chaque division formait un service séparé parfaitement semblable à celui d'une autre division, de sorte que la composition d'une division représentait tout le système, qu'on pouvait ains multiplier suivant les besoins du service. Le nombre des divisions fut d'abord porté à trois; chacune d'elles était susceptible d'être subdivisée pour former des fractions de services. Quinze chirurgiens de différents grades, sous les ordres d'un chef, composaient la subdivision. Le service administratif de chaque division se subdivisait lui-même en deux sections : la première comprenait un économe, plusieurs employés ou agents d'administration, douze soldats infirmiers à cheval, vingt-cinq soldats infirmiers à pied et un tambour. La seconde partie administrative, nommée les *transports*, se composait de douze voitures légères et de quatre voitures pesantes, avec chefs et conducteurs, un maréchal ferrant et un trompette ; la division avait un personnel de cent treize hommes.

Les divisions réunies formaient la *légion d'ambulance volante*. Ces voitures ne se portaient pas sans cesse, comme le wurtz de Percy, sous les projectiles; elles parcouraient rapidement le terrain le plus rapproché des lignes de bataille. Les soins étaient aussi prompts que possible, sans nuire aux mouvements des combattants, sans attirer l'attention de l'ennemi. Cependant, les voitures légères, attelées d'un seul cheval ou de deux dans les mauvais terrains, pénétraient partout, recueillaient les blessés et les transportaient promptement aux fourgons d'ambulance, qui, partant au galop, se dirigeaient vers l'ambulance générale ou l'hôpital, établis hors du cercle des opérations tactiques. Nous n'avons pas besoin d'ajouter que les plus graves blessures étaient pansées sur le terrain même, et les opérations les plus urgentes pratiquées sous le feu.

Ce n'était pas seulement un système chirurgical qu'avait imaginé Larrey, c'était une véritable organisation militaire, qui se pliait aux combinaisons stratégiques aussi bien qu'aux exigences administratives. Il avait combiné le service de santé de façon à le mettre en rapport avec l'admirable ordre divisionnaire de nos armées d'alors. La division se réunissait-elle à d'autres divisions pour former le corps d'armée, Larrey multipliait ses unités, sans modifier la composition de chacune d'elles. Quelques heures suffisaient ainsi pour assurer cette importante branche du service. Au contraire, la division se subdivisait-elle en brigades ou demi-brigades pour des opérations secondaires,

Larrey subdivisait aussi son unité, et chaque fraction d'armée avait, à l'instant même, son personnel et son matériel pour le service de santé. Tel est, en résumé, le système du chirurgien Larrey, système mal compris, tour à tour adopté, modifié, faussé par l'ignorance, et qui a eu le sort du bel ordre divisionnaire, admiré d'abord, et plus tard mis en oubli.

Dès que la création de Larrey eut subi les épreuves de la guerre, nos ennemis se hâtèrent de l'imiter. Toutes les armées voulurent participer à ce bienfait, qui diminuait la mortalité de plus de moitié. Mandé à Paris par le gouvernement, le chirurgien Larrey fut chargé d'organiser les ambulances pour nos quatorze armées. A peine se mettait-il à l'œuvre, qu'un corps de troupes considérable se réunit dans le Midi pour aller enlever aux Anglais l'île de Corse. Nommé chirurgien en chef de cette expédition, Larrey dut partir à l'instant. Mais les troupes, bloquées dans le port de Nice, ne purent prendre la mer. Pendant son séjour à Paris, Dominique Larrey avait épousé l'une des filles de M. Laville-Leroux, ministre des finances sous Louis XVI.

L'armée des Pyrénées-Orientales, dont l'état sanitaire laissait à désirer, réclama Larrey, qui se rendit en Catalogne dans l'automne de 1794. Des combats, des siéges, des assauts, des bivouacs sans ressources, des marches forcées, les rigueurs de l'hiver, éprouvèrent cruellement la santé du chirurgien. Cependant, il resta dans les rangs de l'armée d'Espagne jusqu'à la signature de la paix.

En arrivant à Paris, il trouva l'ordre de se rendre à Toulon pour y professer un cours de chirurgie et de médecine que suivaient les officiers de santé de l'armée de terre et de la flotte ; mais il ne tarda pas à être rappelé à Paris. Le gouvernement venait de créer l'école de médecine du Val-de-Grâce. Larrey y occupa une chaire. Ses leçons furent bientôt interrompues par une importante mission à l'armée d'Italie, où le général Bonaparte demandait les ambulances volantes. Larrey les y organisa. Il s'occupait d'installer une école de chirurgie à Milan, lorsque le général Bernadotte l'appela au sein de ses troupes pour combattre une épidémie qui ravageait le Frioul. Le général Bonaparte y vint de son côté, et, après avoir vu manœuvrer la division d'ambulance volante attachée à ce corps d'armée de Bernadotte, il adressa, devant son état-major, ces paroles à Larrey : « Votre ouvrage est une des plus heureuses conceptions de notre siècle. »

Larrey, à son retour d'Italie, reprit ses leçons d'anatomie au Val-de-Grâce; ce fut pour peu de temps. Vers la fin de 1797, le gouvernement le nomma chirurgien en chef d'une expédition qui se préparait à Toulon. Le général Bonaparte en était le chef. Le 19 mai 1798, la flotte s'éloigna des côtes de France. La campagne d'Egypte commençait.

Les trois divisions d'ambulance firent merveille à la première bataille devant Alexandrie. Le général Figuières fut, après Aboukir, amputé du bras droit par Larrey, en présence du général Bonaparte. Figuières offrit au général en chef un magnifique damas, en disant : « Désormais, je ne pourrai m'en servir. — Je l'accepte, dit Bonaparte, et je le donne à celui qui vous sauve la vie, à Larrey. » Cette arme, précieuse à tant de titres, ne quitta plus le chirurgien militaire pendant les guerres de l'Empire; sur la lame se lisaient deux noms : *Aboukir. Larrey.* Hélas ! cette arme devait tomber sur le champ de bataille de Waterloo !

Rappeler la vie de Larrey pendant la campagne d'Egypte, ce serait faire un récit presque complet de l'expédition. A Damanhour, le général Bonaparte reçut à la jambe droite un violent coup de pied de cheval dont les suites amenèrent de graves accidents. Larrey parvint à arrêter le mal. A quelques jours de là, le chirurgien en chef soignait les deux cent soixante blessés de la bataille des Pyramides. Le 25 juillet 1798, il entra au Caire et y forma des hôpitaux. Il contribua aussi à y créer une école de médecine et de chirurgie pour les officiers de santé de l'armée. Beaucoup d'hommes perdaient la vue en trois ou quatre jours; c'était l'ophthalmie d'Egypte qui menaçait de faire d'affreux ravages dans l'armée. Larrey observa le mal et adressa un mémoire à l'Institut du Caire pour tracer les préceptes d'une excellente thérapeutique, et les moyens préservatifs de cette inflammation des yeux. A la révolte du Caire, le 21 octobre 1798, le fanatisme musulman s'attaqua principalement à l'hôpital militaire, qu'un faible poste protégeait. Les chirurgiens défendirent leurs malades les armes à la main. Larrey vit tomber morts à ses côtés deux de ses officiers de santé, Roussel et Mongin; les malades furent sauvés.

Le 22 décembre, il accompagna le général Bonaparte à Suez. Le froid était si intense, que la petite caravane, privée de bois, dut brûler des ossements pendant les trois mortelles nuits de l'excursion. On traversa la mer Rouge au moment du reflux. A côté de Bonaparte, Larrey suivit la rive orientale de cette mer. Ils s'arrêtèrent devant des sources que leurs guides leur indiquaient de la main. C'était là que Moïse, poursuivi par Pharaon, avait traversé la mer avec les Hébreux. Chacun gardait un religieux silence ; le général Bonaparte dit : « Les Hébreux connurent le vrai Dieu mille ans avant les autres hommes. »

L'expédition de Syrie se préparait. Larrey comprit que ses voitures d'ambulances seraient insuffisantes. Il fit alors construire cent paniers allongés et ouverts, sortes de lits qui contenaient chacun son malade couché. Ce sont là les cacolets que notre armée d'Afrique emprunta aux souvenirs de l'armée d'Égypte, que les Espagnols, dans leur expédition du Maroc, empruntèrent à l'Algérie, et qui désormais figureront dans toutes les armées de l'Europe.

Avant d'arriver en Palestine, et pendant le mois de février 1799, Larrey ne vécut qu'au milieu des blessés et des mourants. A Jaffa, il établit un hôpital et poursuivit sa marche vers Saint-Jean-d'Acre. Pendant le siége, il eut à soigner les blessures de Duroc, d'Eugène de Beauharnais, de Lannes et d'Arrighi. Lorsqu'il fallut évacuer sur l'Égypte dix mille blessés, les moyens de transport se trouvèrent insuffisants pour traverser un désert de soixante lieues. Huit cents hommes, qui n'avaient pu s'embarquer à Jaffa, restaient aux ambulances couverts de graves blessures. Le général Bonaparte donna l'ordre que tous les chevaux de l'état-major fussent mis à la disposition du convoi des malades ; lui-même, le général en chef, sacrifiant ses chevaux, se mit en marche à pied à la tête d'un bataillon, appuyé sur une branche de palmier.

Qui n'a lu les récits lamentables de la peste de Jaffa ; qui ne s'est arrêté profondément ému devant le tableau de tant de misères ! Larrey vivait au milieu de ces pestiférés, combattant sans relâche le fléau qu'il savait contagieux. Au début, huit hommes sur dix mouraient en quelques heures. A force de soins et de science, la chirurgie militaire sauva les deux tiers des malades. Il est juste de placer ici le nom de Desgenettes, médecin en chef de l'armée d'Orient, à côté de celui de Larrey : le même courage et le même dévouement les distinguèrent.

Après la bataille d'Héliopolis et la reprise du Caire, Larrey professa à l'hôpital de la ferme d'Ibrahim-Bey un cours spécial sur les maladies qui régnaient dans l'armée et sur les blessures produites par les projectiles d'armes à feu. Sa réputation s'étendit au loin sur la terre d'Égypte, si bien que les indigènes venaient en foule consulter notre chirurgien, dont les cures miraculeuses ont pris, au dire des voyageurs, une teinte légendaire.

Les Anglais vinrent nous attaquer et prirent position dans un camp retranché qu'avaient creusé les mains des légions de César. A la première bataille, Larrey eut près de deux mille hommes à secourir ; la journée entière s'était passée à faire des amputations sur le terrain, tout retard devant amener une mort presque certaine. Parmi ces amputés se trouvait le général Silly, dont la jambe droite venait d'être broyée par un boulet. Larrey lui-même opérait le général lorsque la cavalerie anglaise arriva à la charge. Le chirurgien en chef eût pu se soustraire au danger, mais il veut remplir son devoir. Laissons-le parler :

« Je n'eus que le temps de charger le blessé sur mes épaules et de l'emporter rapidement vers notre armée, dont la retraite était commencée. Une série de trous, ou fosses de *câpriers*, à travers lesquels je passai, me sauva ; la cavalerie ne put suivre ce chemin entrecoupé, et j'eus le bonheur de rejoindre l'arrière-garde de notre armée avant ce corps de dragons. Enfin, j'arrivai avec cet honorable blessé sur mes épaules à Alexandrie, où j'achevai sa guérison (1). »

Lorsque fut signée la capitulation du 31 août 1801 entre le général Menou et les Anglais, Larrey embarqua pour la France mille trois cent trente-huit blessés ; tous revinrent à la santé, à l'exception de huit.

Nous avons donné à cette partie de l'existence de Larrey assez de développement, afin de faire connaître tout d'abord quelle était la vie du chirurgien militaire aux armées. Ce qu'il avait fait en Egypte, il le fit pendant toutes les guerres de l'Empire, toujours avec le même zèle, la même activité, le même dévouement. Les méthodes se modifiaient suivant les circonstances, mais les services grandissaient avec les difficultés. L'on ne saurait dire combien de mouvements stratégiques devinrent possibles par le concours du service de santé, combien de milliers d'hommes voués à une mort certaine furent sauvés par la chirurgie militaire. Notre récit des campagnes de Larrey prendra donc de plus vives allures, puisque l'on sait que toujours

---

(1) *Mémoires de Chirurgie militaire et Campagnes*, par le baron Larrey, 4 vol. 1812-1818.

la science du chirurgien et son humanité furent à la hauteur de la bravoure du soldat et de l'habileté du général.

En arrivant à Paris, Larrey fut mandé auprès du premier Consul, qui le reçut en ami et lui annonça qu'il était chirurgien en chef de la garde consulaire. Il se remit à ses travaux, écrivit un long ouvrage sur l'Egypte, et professa le cours qui lui était confié. La loi du 10 mars 1803 imposait à ceux qui voulaient exercer la chirurgie l'obligation de la thèse. Larrey soutint la sienne devant l'illustre Sabatier, dont la vieillesse était consolée par les successeurs qu'il voyait apparaître. Après cette mémorable thèse du chirurgien en chef de la garde, le public, les élèves, les juges eux-mêmes ne purent dominer leur émotion ; les applaudissements retentirent de toutes parts, et l'amphithéâtre fut témoin ce jour-là d'une scène touchante, véritable fête de famille, comme il s'en était vu une, après l'examen que subit Drouot au début de sa carrière d'artilleur.

L'ordre de la Légion d'honneur fut institué pour récompenser tous les mérites, tous les services, tous les courages. Larrey en reçut les insignes de la main de Napoléon à la première distribution, et le chef de l'État dit en les lui remettant : « C'est une récompense bien méritée. » Peu de temps après, le docteur Larrey fut nommé inspecteur général du service de santé des armées.

III

Qu'avait été jusqu'alors ce service ?

Si André Vésale accompagnait Charles-Quint dans ses campagnes, si Ambroise Paré était chirurgien de M. de Vendôme, et faisait même partie de la maison du roi, ils n'étaient cependant ni l'un ni l'autre chirurgiens des armées, et leurs fonctions ne consistaient point à soigner les soldats malades ou blessés. Jusqu'au règne de Louis XIII, le service de santé militaire n'existait pas. On lit bien dans les mémoires de Sully : « J'étendis mon attention jusque sur le simple soldat, en établissant dans le camp un hôpital si bien et si commodément servi, que plusieurs personnes de qualité s'y retirèrent pour se faire guérir de leurs maladies ou de leurs blessures. » Il ne faut pas confondre la création provisoire d'un hôpital avec l'institution ou l'organisation du service de santé. Ce service commença sous Louis XIII, mais très-imparfaitement. Louis XIV eut des hôpitaux, et même sous son règne quelques généraux eurent la pensée des ambulances. Cette pensée ne pouvait être réalisée que par l'État, et, pour la réaliser, l'État devait créer avant tout cet homme de bien, cet homme de science, qu'on nomme le chirurgien militaire. Le service de santé ne prit réellement naissance qu'en 1731 par la fondation de l'Académie royale de chirurgie.

On a beaucoup écrit pour prouver que la chirurgie était constituée dans les armées depuis les temps antiques. Les érudits l'ont fait remonter aux Grecs et aux Romains. Sans doute, l'art de guérir est vieux comme le monde, mais le service spécial de la chirurgie militaire est très-moderne. Cela est si vrai que, lorsque Ambroise Paré, chirurgien du roi, se rendit au siége de Metz, auprès du duc de Guise, au milieu du XVI° siècle, dans cette place militaire d'une si haute importance politique, il n'y avait dans la ville ni hôpital ni chirurgien ; les gens de guerre ne s'en montraient pas soucieux, d'après le témoignage de La Noue, qui écrit rudement : « Le lit d'honneur des blessés est un bon fossé où une arquebusade les aura jetés (1). »

La première législation sur les secours à donner

---

(1) *Discours politiques et militaires.* 1588.

aux gens de guerre invalides remonte au mois de février 1585. Henri III établit dans les abbayes et prieurés les officiers estropiés. En 1606, Sully fait rendre un édit pour instituer une « maison de la charité chrétienne pour les pauvres gentilshommes, capitaines et soldats estropiés, vieux et caducs. » En 1611 et 1629, de nouvelles ordonnances royales expriment combien le sort des gens de guerre mutilés inspire d'intérêt à la monarchie. Mais toutes ces ordonnances, nombreuses surtout au XVIIe siècle, ont un caractère remarquable qui nous blesserait aujourd'hui : ce n'est pas une récompense conquise par le service, mais une charité aux pauvres gens atteints de caducité.

Des soins donnés sur le terrain même de la bataille, il n'en est nullement question, pas plus que du chirurgien. On lit bien, dans quelques récits de guerre, que des fraters, des moines, des empiriques, des aventuriers suivaient les armées volontairement ; mais il est plus souvent question de leur pendaison que des guérisons qu'ils devaient opérer.

En résumé, nous voyons dans un manuscrit, annoté de la main même de Letellier, que le premier hôpital ambulant fut établi par Sully, et le premier hôpital sédentaire par Richelieu. Vauban fit beaucoup aussi, en construisant dans les places fortes des salles destinées aux malades. Nous ne voulons pas dire qu'avant Sully, Richelieu et Vauban, l'art de guérir, dans son application aux blessures de guerre, eût été mis en oubli ; nous ne voulons pas révoquer en doute les services d'Ambroise Paré ; mais l'étude attentive de la question nous a démontré que la Révolution française devait avoir la gloire de la constitution du service de santé. L'ancienne monarchie est trop riche de ses propres grandeurs pour envier à notre époque l'institution de la chirurgie militaire.

Les historiens ont pu s'y tromper. En effet, quelques médecins ont, à diverses époques, obtenu des rois de France le titre de chirurgien d'armée. Sous François Ier, Théoric de Héry est désigné par le titre de chirurgien-major de l'armée, lorsqu'il a mission d'y aller étudier le typhus. Ambroise Paré est souvent honoré par les écrivains du titre de chirurgien en chef des armées de Henri II, Charles IX et Henri III, parce qu'il était attaché aux maisons de ces princes et qu'il les suivait aux guerres. Pigray, l'élève d'Ambroise Paré, passe pour avoir été le chirurgien militaire des troupes de Henri III et de Henri IV; on nomme même les chirurgiens-majors des armées de Louis XIII et de Louis XIV. Le premier était Bithereau Mathieu, le second Pierre Tourbier. La législation relative aux hôpitaux, si nombreuse depuis 1707 jusqu'en 1788, est un témoignage du sincère désir qu'avait la monarchie de venir en aide à la partie souffrante de son armée ; mais tout ce qui, dans l'histoire de la chirurgie militaire, précède la Révolution française, n'est qu'une sorte de préparation à ce qui se fit en 1792. Alors seulement, quand la conscription passait son niveau sur toutes les têtes, chaque soldat eut en perspective, dans la bonne fortune les insignes du commandement, et dans la mauvaise, l'assistance fraternelle du chirurgien militaire.

Ce fut de l'enthousiasme des premières campagnes de la Révolution, de cet enthousiasme où la philanthropie et l'ardeur guerrière se mêlaient d'une manière incomparable, que sortit la chirurgie militaire. Larrey en fut le véritable créateur, ou du moins il lui fit faire de rapides et incontestables progrès ; il fit plus, il lui imprima à son image ce caractère d'humanité infatigable, de dévouement absolu qui n'ont pas cessé de la distinguer. Larrey fit mieux que constituer la chose, il créa l'homme, cet homme que nous avons vu aux bivouacs de l'Afrique, aux champs désolés de la Dobrutcha, aux tranchées de Sébastopol, à l'assaut de Malakoff, en Italie, en Chine, en Syrie, partout où combattaient les soldats de la France !

Dès le commencement de 1792, l'Assemblée législative décréta d'urgence une loi sur le service des hôpitaux. Le conseil de santé commença à fonctionner avec le conseil de la guerre et la direction des hôpitaux. On vit accourir aux armées pour le service de santé des membres de l'ancienne académie de chirurgie, des chirurgiens des régiments détruits, de jeunes étudiants, enfin des hommes qui se destinaient à l'église, et dont la Révolution fermait les asiles. Un esprit nouveau, actif, énergique, anima la chirurgie militaire. Elle eut l'enthousiasme du volontaire, son abnégation sublime, et, en même temps, elle conserva la philosophie des écoles unie aux calmes méditations du cloître.

La mort décima les premiers venus. Au mois d'aout 1793, la Convention nationale décréta la réquisition de tous les officiers de santé, médecins, chirurgiens et pharmaciens, depuis l'âge de dix-huit ans jusqu'à celui de quarante. Sept jours après, la Convention décréta l'organisation du service de santé, par une loi qui définit et trace les devoirs des chirurgiens militaires. Le 21 février

1794 parut un nouveau décret encore plus complet.

En arrivant en foule sous les drapeaux, les médecins, chirurgiens et pharmaciens de France, les uns, presque enfants, les autres aux portes de la vieillesse, apportaient avec eux le génie de leurs provinces, l'enseignement des écoles diverses et les sentiments de la nation tout entière. Il s'établit une fusion sympathique entre ces éléments divers. Tout ce que renfermait le pays de dévouement à la science et à l'humanité, d'idées généreuses et progressives, vint se confondre sous les drapeaux et former notre chirurgie militaire. Le hasard des révolutions mit en contact, dans un milieu brûlant et pour une mission sainte, une classe d'hommes préparés par l'étude, et qui se trempa vigoureusement au sein des épidémies et des batailles. L'âme de la chirurgie militaire moderne sortit de cet ardent foyer.

De nouvelles méthodes chirurgicales prirent naissance. On se souvint du mot d'un chirurgien du XVIe siècle, de ce Guillemeau si plein d'esprit : « Il faut saisir le moment où le blessé a le cœur encore gonflé d'honneur. » On opéra donc sous le feu de l'ennemi. Larrey parut alors. Il personnifia la nouvelle institution et l'anima de sa pensée ; il l'ennoblit par ses vertus. Avant lui, la place faite à la chirurgie militaire en France, aussi bien que dans les armées européennes, était obscure, étroite et sans issue. Désormais, le service de santé fut à la hauteur des grands services publics, il s'éleva aux premiers échelons de la hiérarchie militaire, et du sein des académies sa voix se fit entendre avec une autorité incontestable. Les arts eux-mêmes ont consacré ses glorieux bienfaits. Nous nous arrêtons au Musée devant le tableau de la bataille d'Eylau, où le pinceau de Gros nous montre les chirurgiens pansant les blessés russes en même temps que les blessés français. La sculpture, comme la peinture, a représenté cette mission nouvelle du chirurgien militaire. La postérité, en considérant nos bas-reliefs, n'y verra plus, comme sur les monuments de la Rome païenne, le Germain, le Parthe ou le Dace enchaînés par le soldat vainqueur; elle y verra la charité chrétienne s'exerçant par la main du chirurgien d'armée.

IV

Napoléon était sur le trône, et la paix d'Amiens venait d'être rompue. L'armée se réunit au camp de Boulogne où Larrey établit son ambulance volante. Il y mit une telle activité que l'Empereur lui dit : « Larrey, vous avez failli être prêt avant moi. » Mais ce ne fut pas contre l'Angleterre que nos soldats exercèrent leur courage, ils allèrent loin de nos frontières, combattre les Autrichiens et les Russes. Austerlitz est une glorieuse journée pour la chirurgie militaire. Les opérations furent pratiquées sous le feu de l'ennemi. La journée entière se passa, et la nuit suivante encore sans qu'un seul officier de santé pût prendre un instant de repos. Bientôt après, le typhus se déclara dans la ville de Brünn parmi les blessés. Il en mourait un quart. Evacués sur d'autres hôpitaux, ces malheureux y répandirent le fléau. Larrey eut à cette occasion une importante mission, qui le ramena à Paris ; ce fut pour peu de temps. Nous le retrouvons quelques mois plus tard sur un nouveau champ de bataille, à Iéna. Conduit à Berlin par son service, il s'y lia d'une étroite amitié avec Alexandre de Humboldt ; de Berlin il partit pour Varsovie.

Le jour de la bataille d'Eylau, l'Empereur, parcourant le terrain de l'action, aperçut à travers la brume le chirurgien en chef de la garde, les pieds dans la neige, la tête nue, pansant les soldats, sans souci des balles et des boulets. Le lendemain, passant près de l'ambulance, il retrouva Larrey qui depuis vingt-quatre heures ne cessait de prodiguer ses soins. L'Empereur le nomma à l'instant même commandeur de la Légion d'honneur.

Le 14 juin 1807, Larrey, à la bataille de Friedland, pansait les Russes et les Français. On lui apporta un moribond dépouillé de ses vêtements. C'était un jeune officier russe, qui depuis devint un personnage éminent. Longtemps après, cet officier écrivait à un Français : « Je ne pourrai jamais dire trop de bien de Larrey, car je lui dois doublement la vie. Grièvement blessé par un coup de feu à la bataille de Friedland, je fus laissé pour mort et dépouillé. Tombé en votre pouvoir, et ayant repris connaissance, je fus relevé et conduit à l'ambulance. Là, non-seulement M. Larrey me prodigua ses bons soins, mais encore, s'apitoyant sur mon état de nudité, car je n'avais plus même de chemise, il fit apporter ses effets, et n'eut pas de peine à me faire accepter le linge dont j'avais besoin, tant il mit d'empressement et de générosité à me l'offrir. »

Ce trait est venu jusqu'à nous. Mais combien d'autres parmi les blessés ont emporté le souvenir à jamais perdu d'actes aussi généreux ! Les professeurs de l'école de médecine d'Iéna voulurent donner à Larrey un témoignage d'estime et de sympathie, en exprimant le désir de conserver son nom à l'université. Notre chirurgien en chef se fit donc recevoir docteur en médecine à l'université d'Iéna. Ce titre lui fut toujours extrêmement précieux.

En 1808, Larrey était en Espagne avec l'armée française, établissant à Madrid des hôpitaux et une école de médecine. Lors de l'insurrection du 2 mai, les chirurgiens défendirent leurs malades les armes à la main. Parmi ces officiers de santé qui combattaient à ses côtés, nous citerons Frizac et Talabère, qui peu de jours après furent emportés par une épidémie. Nommé par intérim chirurgien en chef de l'armée, Larrey vit que les cacolets de l'Égypte et les voitures d'ambulance de l'Allemagne ne répondaient pas toujours aux besoins de l'armée d'Espagne. Le genre de guerre et la nature du sol inspirèrent au chirurgien en chef l'idée d'un nouveau système : des mulets portaient le matériel sur des bâts, tandis que les malades étaient couchés dans les petits chars de Biscaye qui franchissent tous les obstacles.

La santé du docteur Larrey était profondément altérée, et ce ne fut pas sans de grands efforts de volonté qu'il put opérer sur le champ de bataille de Valladolid. Une fièvre typhoïde contagieuse s'étant déclarée parmi les blessés anglais, Larrey, qui les soignait, fut atteint violemment. Il ne voulait cependant pas abandonner son service, mais à Burgos le délire s'empara de lui. Transporté à Paris presque mourant, il revint à la santé, grâce à sa constitution vigoureuse et à son énergie morale.

Au mois d'avril 1809, il alla rejoindre l'Empereur sous les murs de Vienne. Peu après eut lieu la bataille d'Essling. Larrey avait établi l'une de ses ambulances à l'entrée d'un bois, sur la rive gauche du Danube. On vint l'appeler en toute hâte. Le duc de Montebello, atteint par un boulet, réclamait les soins de son fidèle compagnon d'Égypte et de Syrie. Le chirurgien en chef pratiqua l'amputation de l'une des deux jambes mutilées, mais le mal était sans remède. L'Empereur accourut près du mourant, et Larrey fut témoin de leurs adieux consacrés par l'histoire.

C'est dans l'île de Lobau que, manquant de bouillon pour ses malades, Larrey fit abattre ses propres chevaux ; les marmites faisaient défaut, les cuirasses en tinrent lieu ; le sel manquait aussi, Larrey fit assaisonner le bouillon avec de la poudre à canon. Ce régime dura trois jours, et le maréchal Masséna eut les honneurs de la première tasse, sans se douter de la recette.

Pariset a prononcé l'éloge de Larrey à l'Académie de médecine. L'Académie des sciences, par l'organe du savant Breschet, a jugé aussi l'homme de science. Enfin l'inspecteur Moizin, au nom du conseil de santé des armées, a dit ce qu'était le médecin Larrey. A ces voix si autorisées, une foule de célébrités médicales ont mêlé leurs voix, et de ce concert unanime est sortie la consécration des titres du docteur Larrey. Ses œuvres écrites témoignent d'ailleurs de son savoir et tiennent une belle place parmi les ouvrages de ce genre. Nous, soldat de l'armée d'aujourd'hui, nous ne voulons ici qu'exprimer la reconnaissance des armées d'autrefois pour le chirurgien Larrey.

Larrey professait un cours de chirurgie militaire dans la capitale de l'Autriche, et dirigeait en même temps le grand hôpital de l'Académie Joséphine. Il quittait un jour ses blessés lorsqu'un parchemin lui fut remis : Napoléon le nommait « baron de l'Empire, » avec dotation annuelle de 5,000 fr. Ce parchemin anoblissait toute la chirurgie militaire ; couvert de la poudre des batailles, qui vaudra toujours bien la poussière du temps, il avait traversé Austerlitz, Eylau, Friedland et Wagram ; la victoire projetait sur ce titre nobiliaire le même éclat que la noblesse d'autrefois allait bravement demander aux mousquetades d'Arques ou d'Ivry, aux charges de Rocroy. Rien n'était donc changé dans les traditions françaises ; de nouveaux noms s'élevaient pour remplacer ceux qui se laissaient tomber.

Au commencement de 1812, le baron Larrey était occupé à d'importantes publications scientifiques lorsqu'il fut nommé chirurgien en chef de la Grande Armée. Napoléon allait commencer la campagne de Russie. De concert avec le médecin en chef Desgenettes, Larrey prit les mesures nécessaires pour l'établissement d'un service de santé approprié à cette immense expédition. L'armée se mit en marche. A Witepsk, le linge manquait déjà aux ambulances, Larrey sacrifia le sien. A Smolensk, il eut six mille blessés, et la charpie manquait ; on dut employer l'étoupe de coton de bouleau ; le papier des archives de la ville remplaça le linge. Dix mille blessés encombrèrent bientôt les ambulances, et le chirurgien en chef fut obligé de laisser à Smolensk tous les officiers de santé de la réserve et cinq divisions d'ambulances légères. A notre approche, l'incendie dévorait les villes ; les ressources disparaissaient et les malades augmentaient. Larrey mesurait d'un œil calme, mais non sans une profonde émotion intérieure, l'avenir de cette belle armée.

Le 5 septembre 1812, il donnait aux chirurgiens réunis autour de lui des instructions et des ordres qui faisaient prévoir une grande bataille. On était en effet à la veille d'une des plus meurtrières actions qui aient ensanglanté la terre. Le soir de la bataille de la Moskowa (7 septembre), il y avait de notre côté quarante généraux tués ou blessés, vingt mille hommes hors de combat et neuf mille tués. Soixante mille Russes étaient à terre ; beaucoup d'entre eux furent apportés à nos ambulances. Larrey n'avait avec lui que trente-six chirurgiens. Le ciel était sombre, l'air froid, humide ; courbés sur la paille où étaient étendus les blessés, accablés de fatigue, les mains engourdies, nos chirurgiens, entourés de cette foule sanglante, accomplissaient en silence leurs devoirs. Lorsque l'armée s'éloigna de ce lieu funèbre pour continuer sa marche sur Moscou, celui que M. Thiers appelle à bon droit un véritable héros d'humanité, resta là où ses soins étaient le plus utiles. « Le bienfaiteur de tous ceux qui souffraient, l'illustre Larrey, voulut rester à Kolotskoï avec la majeure partie des chirurgiens de l'armée. Trois jours entiers devaient à peine suffire pour appliquer le premier pansement sur toutes les blessures, et par un temps déjà froid et humide, et surtout la nuit, un grand nombre de blessés étaient réduits à attendre les secours de l'art, couchés en plein air sur la paille. » C'est dans les *Mémoires* mêmes de Larrey qu'il faut chercher les détails de ces grandes immolations d'hommes ; son tableau sincère de désastres inouïs est un des plus précieux documents historiques qui existent.

On s'est demandé souvent s'il y avait possibilité de faire prendre à l'armée française ses quartiers d'hiver à Moscou. M. Thiers pose aussi cette importante question et dit : « Le docteur Larrey, l'un des témoins les mieux informés de cette situation, croyait qu'on pouvait vivre six mois sur les provisions trouvées à Moscou. » Malheureusement, on ne tint pas compte de son opinion, et bientôt commença une retraite à jamais fameuse. L'armée repassa sur le champ de bataille de la Moskowa ; Larrey l'y avait devancée. Laissons encore parler ici l'historien de l'Empire : « Le chirurgien Larrey, dans sa bonté inépuisable, était accouru à l'avance pour donner aux blessés de Kolotskoï les soins qu'un séjour rapide lui permettait de leur consacrer ; il fit enlever ceux qui étaient transportables, prodigua aux autres les dernières ressources de son art, et, trouvant là des officiers russes qui lui devaient la vie et qui lui en témoignaient leur gratitude, il en exigea pour unique récompense leur parole d'honneur que, libres et maîtres sous quelques heures de leurs compagnons d'infortune, ils leur rendraient le bien qu'ils avaient reçu du chirurgien en chef de l'armée française ; tous le promirent, et Dieu seul a pu savoir s'ils payèrent cette dette contractée envers le meilleur des hommes ! »

Napoléon était entré à Moscou avec quatre-vingt-dix mille combattants et vingt mille malades ou blessés. La chirurgie militaire accomplit de tels prodiges qu'au départ notre armée comptait plus de cent mille hommes valides et ne laissait que douze cents malades. Mais les ambulances ne tardèrent pas à se remplir. Au début, le combat entre le prince Eugène et Kutusof amena deux mille blessés ; à Wiasma, il y en eut encore quatre mille. L'ordre cessait de régner parmi les troupes exposées aux rigueurs d'un hiver précoce. Le 6 novembre, la neige tombait épaisse, lourde, enveloppant l'homme d'un manteau glacial et voilant l'horizon. Les meilleurs soldats pouvaient à peine avancer ; cependant la plupart conservaient leurs armes. La faim se fit sentir. Les cris lamentables de ceux qui s'égaraient dans cette sorte d'obscurité se mêlaient aux cris sinistres des Cosaques qui, de la lisière des bois, épiaient notre marche. De noirs sapins indiquaient seuls la route, et près de chacun un soldat s'appuyait, soit pour mourir, soit pour faire feu sur l'ennemi.

L'ambulance marchait au centre de cette colonne, entourée des chirurgiens qui, soutenus par l'attitude mâle du baron Larrey, prodiguaient leurs soins aux malades et aux blessés. Les cent mille hommes valides au départ de Moscou étaient réduits à trente-six mille le 14 novembre, en quittant Smolensk. Ces trente-six mille hommes traînaient cent cinquante pièces de canon, et chaque drapeau était entouré d'un groupe de braves qui représentaient le régiment.

De toutes parts on appelait Larrey, qui marchait à pied. Il allait de l'un à l'autre, soutenant ceux qui chancelaient, relevant de leurs chutes ceux qui tombaient, soulageant les douleurs, pansant les blessures, encourageant de la voix, donnant à tous de bonnes paroles, de bons conseils, distribuant le peu qu'il avait, partageant son morceau de pain, portant sa gourde aux lèvres des mourants, courant à l'arrière-garde presser la marche des traînards. On le voyait partout, la nuit aussi bien que le jour, errant autour de ces pauvres soldats, remontant le moral par une énergie surhumaine, prodiguant enfin, non plus les secours de l'art, hélas ! ils étaient impuissants, mais les soins divins de la charité chrétienne.

Dans cette terrible retraite de Russie, quatre figures se détachent bien belles et bien pures : le prince Eugène, le maréchal Ney, le docteur Larrey et le général Éblé. Ce dernier mourut à la peine. Cet héroïsme et ce dévouement ne pouvaient rien pour le salut de l'armée ; ils sauvèrent au moins sa gloire.

Cinquante mille hommes, des femmes et même des enfants, les uns enveloppés de fourrures informes et maculées, les autres à peine couverts de lambeaux, atteignirent les bords de la Bérésina. Cette foule en délire, sillonnée par les boulets russes, se précipitait vers les ponts, jetés à la hâte sur la rivière à demi glacée. Larrey avait traversé la Bérésina avec les débris de la garde impériale, il était sauvé ; mais, parvenu sur la rive droite, le chirurgien en chef s'aperçoit avec douleur que les caisses d'instruments de chirurgie, indispensables aux blessés, sont restées à l'autre bord ; il y veut retourner. Vainement ses amis cherchent à le retenir, Larrey s'échappe de leurs bras et se précipite sur le pont. Comment parvint-il à le franchir ? Lui-même ne le put jamais dire. Le retour était devenu impossible. Le pont, brisé pour la seconde fois, arrêtait la foule de plus en plus surexcitée et qui renversait tout sur son passage. Les braves pontonniers parvinrent cependant à rétablir le pont ; Larrey tentait vainement de s'en approcher ; plusieurs fois repoussé, il allait certainement payer de sa vie son noble dévouement : des soldats le reconnurent au moment où ses forces l'abandonnaient ; ils l'enlevèrent dans leurs bras, et, se frayant un passage à travers la foule, le déposèrent sur la rive qui conduisait à la patrie.

Le 7 décembre, le thermomètre que Larrey, pendant toute la campagne, porta à la boutonnière de son habit, marquait 27 degrés ; à Miedneski, il eut 28 degrés. Les hommes qui survivaient ressemblaient à des spectres. Larrey allait mourir lui-même lorsque, le 9 décembre, il atteignit Wilna. Mais là encore les débris de l'armée française ne trouvèrent pas le repos qui leur aurait été si nécessaire ; assaillis par les Russes, ils poursuivirent leur triste marche vers les frontières de la Pologne. Enfin, on arriva à Kœnigsberg ; on fut pour quelques jours débarrassé de l'ennemi, mais on eut affaire à un autre danger non moins redoutable. « Il y avait à Kœnigsberg environ dix mille individus dans les hôpitaux, dont un petit nombre blessés et la plupart malades. Parmi ces derniers, les uns avaient des membres gelés, les autres étaient atteints d'une espèce de peste que les médecins appelaient fièvre de congélation, et qui était horriblement contagieuse. L'héroïque Larrey, quoique épuisé de fatigue et de souffrance, était accouru à ces hôpitaux pour y soigner nos malades, et il y gagna cette contagion funeste dont il faillit mourir. L'héroïsme, de quelque genre qu'il soit, est la consolation des grands désastres ; cette consolation nous fut accordée tout entière, elle égala la grandeur de nos malheurs (1). »

Après avoir montré Larrey égal, supérieur à lui-même, au milieu de désastres qui brisaient les plus fermes courages, nous ne le suivrons pas dans les campagnes de 1813 et 1814 ; il y fut ce qu'il était toujours, héroïque, infatigable ! Nous ne citerons de cette époque de sa vie qu'un trait qui lui fait infiniment d'honneur, et qui caractérise l'homme encore plus que le chirurgien.

Nos soldats de Lutzen et de Bautzen, ceux qui enlevaient les hauteurs de Wurschen, étaient de

---

(1) Thiers, *Histoire du Consulat et de l'Empire*.

jeunes conscrits qui voyaient le feu pour la première fois. Après chaque affaire, un grand nombre de ces enfants avaient les mains mutilées ; on dit à l'Empereur que ces blessures étaient volontaires. Dans les campagnes précédentes, rien de semblable ne s'était présenté ; Napoléon en fut profondément ému. Indigné d'abord, puis inquiet, il exprima ses sentiments avec une telle énergie que nul n'osa contredire. L'Empereur voulait des exemples sévères, parce qu'il y allait, disait-il, du salut de la France, de l'honneur de la nation. Bientôt, chacun répéta qu'un homme sur vingt serait passé par les armes ; une sorte de terreur régna dans les ambulances. Larrey, qui avait observé très-attentivement beaucoup de ces blessures, déclara qu'elles n'étaient pas volontaires ; il le dit hautement à l'Empereur en demandant une enquête. « Allez, Monsieur, s'écria Napoléon, vous me ferez vos observations officiellement, allez remplir votre devoir. » L'enquête était accordée.

Par ordre de l'Empereur, tous les soldats blessés aux mains furent réunis au nombre de deux mille six cent trente-deux dans les bâtiments de la douane, à un kilomètre de Bautzen. L'enquête se fit avec la plus grande attention, en présence de cinq chirurgiens, d'un officier supérieur et d'un capitaine de gendarmerie délégué par le grand prévôt. Cette enquête dura plusieurs jours, et les blessés furent examinés homme par homme. Pour chacun d'eux un procès-verbal fut établi, indiquant les circonstances de la blessure et faisant connaître les témoins, dont beaucoup étaient de vieux sous-officiers éprouvés dans cent combats. Larrey étudiait le caractère de chaque plaie, faisait placer le soldat dans la position où il se trouvait au moment où il avait été atteint. Le bon, le digne chirurgien prouva que tous ces braves gens avaient été blessés par l'ennemi, en se battant tous avec courage, quelques-uns avec héroïsme. Le procès-verbal constatait que ces jeunes soldats, étrangers au maniement des armes, étaient parfois atteints aux doigts de la main, dans le feu de deux rangs, par les camarades placés derrière eux et qui mettaient le haut du corps en arrière au lieu de l'avancer. Les militaires savent combien ce mouvement est naturel aux jeunes soldats. Larrey prouva que, souvent aussi, ces intrépides jeunes gens, escaladant les collines, courant sur l'ennemi comme à Lutzen et Wurschen, tenaient leurs armes devant leur figure et leur poitrine, et recevaient les balles dans les mains et plus particulièrement aux premières phalanges des doigts : c'était un mouvement instinctif qui leur faisait porter les mains en avant.

L'enquête terminée, Larrey se rendit auprès de l'Empereur. « Eh bien, monsieur, lui dit Napoléon d'une voix irritée, persistez-vous toujours dans votre opinion ? — Je fais plus, sire, je viens le prouver à Votre Majesté ; cette brave jeunesse était indignement calomniée ; je viens de passer beaucoup de temps sous les yeux de la commission d'enquête à l'examen le plus rigoureux, et je n'ai pas trouvé un coupable. Il n'y a pas un seul de ces blessés qui n'ait son procès-verbal individuel ; de nombreuses liasses me suivent, Votre Majesté peut en ordonner l'examen. — C'est bien, monsieur, dit l'Empereur, je vais m'en occuper. »

Un demi-siècle s'est écoulé depuis ces événements, et la vérité s'est fait jour. Parmi les grands, peut-être même à l'armée, il y avait des lassitudes et des défaillances. Fatigués de la guerre, certains hommes aspiraient au repos et aux jouissances de la fortune ; leur pensée refoulée se trahissait sous mille formes ; en cette circonstance, ils voulurent prouver à l'Empereur que la France entière avait épuisé son énergie, et que, lasse aussi de la guerre, elle la fuyait par tous les moyens possibles. On dit alors que les jeunes soldats, nouvellement venus des villages de France, se mutilaient volontairement pour rentrer au pays. L'âme de Napoléon se révolta à la seule pensée d'une telle calamité ; il vit l'Europe entière se réjouissant de la faiblesse de la France ; il vit le chemin de Paris ouvert aux colonnes ennemies ; il vit les fils des sublimes volontaires de 92 regardant sans honte et sans souci la marche victorieuse de ceux que leurs pères avaient chassés du sol de la patrie. Napoléon souffrit cruellement de cet acte honteux de désespoir ; mais comment douter d'un tel malheur ! on le disait autour de lui, on le répétait, on le soutenait, tout en le déplorant. L'Empereur le crut. Il accueillit même d'abord assez mal la seule voix qui s'éleva contre cette opinion ; mais Larrey ne s'était pas rebuté ; il avait obtenu une enquête, maintenant les résultats en étaient sous les yeux de l'Empereur.

Après avoir examiné les procès-verbaux et le long rapport rédigé par Larrey, Napoléon revint auprès du chirurgien en chef, qui attendait, en proie à une vive émotion intérieure, mais le visage calme. L'Empereur passa devant lui, la tête inclinée sur la poitrine et marchant à pas précipités ; il parcourut ainsi le salon pendant quelques instants le regard fixe, dominé sans doute par ses pensées. S'arrêtant ensuite brusquement en face de Larrey, il lui dit : « Adieu, monsieur Larrey ; un souverain est bien heureux d'avoir auprès de lui un homme tel que vous ; on vous portera mes ordres ; attendez... » L'Empereur, qui, en prononçant les derniers mots, avait pris les mains de Larrey, embrassa le chirurgien en chef, puis il s'éloigna rapidement. Une heure après, le baron Larrey, rentré chez lui, recevait le portrait de l'Empereur enrichi de diamants, et le titre d'une pension sur l'État.

Le mot *vertu*, et mieux encore le mot latin *virtus*, peuvent seuls exprimer la conduite de Larrey en cette circonstance. Ce sont de ces traits qui se rappellent à l'occasion, mais qui ne se doivent jamais commenter : le cœur les apprécie, l'esprit ne saurait les embellir. Le grand chirurgien défendait l'honneur des armes, lui, homme de science. Ce serait le côté piquant de son action, s'il s'en pouvait trouver dans de si grandes choses. Sans l'intervention de Larrey, quelques malheureux soldats eussent été fusillés, c'eût été affreux ; mais ce qui était pire au point de vue historique, c'est que nous n'aurions pas eu la campagne de France, belle campagne s'il en fut, où le génie du capitaine et la bravoure du soldat se disputent l'admiration. Avec une armée sur laquelle il n'aurait pu compter, avec une armée qui se serait mutilée volontairement, jamais Napoléon n'eût osé entreprendre ces mouvements stratégiques où son génie sembla se surpasser.

Après avoir fait toute la campagne de France, Larrey vint se placer près de Napoléon à l'heure de l'abdication ; il exprima le désir d'accompagner dans l'exil celui qu'il avait si bien servi. « Vous appartenez à l'armée, lui dit l'Empereur, vous devez la suivre ; ce n'est pas sans regret que je me sépare de vous... »

Lorsque Napoléon revint de l'île d'Elbe, Larrey fut un des premiers qu'il manda aux Tuileries ; il lui donna de touchants témoignages d'estime et d'amitié, et alla jusqu'à exprimer au chirurgien en chef ses regrets de l'avoir laissé sans fortune. A Fleurus, Larrey amputa du bras droit le colonel Sourd, qui, pendant l'opération, dictait une lettre à l'Empereur pour demander à conserver son régiment, et qui, l'amputation terminée, remonta à cheval et se précipita au milieu des combattants.

Vers la fin de la bataille de Waterloo, les ambulances de Larrey furent chargées par la cavalerie ennemie ; tout se dispersa. Le chirurgien en chef se retira avec un faible détachement : la nuit était venue, il s'égara dans des chemins inconnus que battaient les partis ennemis. Rencontré par des lanciers prussiens, il fit prendre la charge à sa petite troupe, qui, à son exemple, refusa de se rendre. Le chirurgien a tiré ses deux coups de pistolet sur les lanciers, et son cheval, au galop, va le mettre à l'abri des armes blanches. Les cavaliers prussiens font feu, une balle atteint son cheval, qui, après quelques bonds, s'affaiblit et tombe. Le chirurgien en chef se relève, mais frappé de deux coups de sabre, il est renversé au milieu des morts. Son évanouissement fait penser aux Prussiens qu'il est tué comme les autres ; la troupe s'éloigne. Larrey reprend peu à peu connaissance, se redresse, fait quelques pas, aperçoit son cheval, le remet sur ses jambes, le monte et repart à travers champs. Arrivé, non sans peine, aux bords de la Sambre, il est de nouveau chargé par les mêmes cavaliers prussiens qui, cette fois, le font prisonnier ; désarmé, dépouillé de presque tous ses vêtements, de sa bourse, de quelques bijoux, précieux souvenirs de famille, il est emmené par les lanciers qui l'ont pris.

La taille du baron Larrey était à peu près celle de l'Empereur. Comme l'Empereur, il portait, ce jour-là, une capote grise. Tout en marchant, les Prussiens viennent à penser que leur prisonnier est

Napoléon lui-même ; ils le conduisent au général de l'avant-garde, qui, dans le doute, le fait amener à un autre général. L'erreur est reconnue, et les soldats, irrités de leur méprise et se souvenant que Larrey a déchargé deux coups de pistolet sur eux, le condamnent à être fusillé. Quelque extraordinaire que paraisse un tel fait, il s'est reproduit cent fois et plus à la suite de la bataille de Waterloo. Le général Duhesme a été ainsi assassiné. Nos aînés nous ont souvent fait le récit de ces meurtres inutiles, empreints d'un caractère de férocité inconnu aux batailles précédentes.

Lorsque Larrey dut être fusillé, le chirurgien-major d'un régiment prussien fut chargé de lui placer le bandeau sur les yeux. Il s'avance, un mouchoir à la main, s'arrête tout à coup et considère le visage du prisonnier ; il l'a reconnu, et demande instamment un sursis à l'exécution. Ce chirurgien prussien avait autrefois suivi, à Berlin, le cours de chirurgie militaire professé par le docteur Larrey. Le sursis accordé aux prières, aux supplications, aux menaces du chirurgien prussien, ne sauvait pas encore Larrey ; il fallait que la sentence fût rapportée par le grand prévôt des armées coalisées, le général prussien Bulow. Celui-ci, après avoir interrogé le baron Larrey, croit devoir soumettre la question au général en chef feld-maréchal Blücher. En d'autres temps, pendant la campagne d'Autriche, Larrey avait sauvé la vie au fils du feld-maréchal. Blücher ne l'a pas oublié ; il fait grâce au prisonnier, et lui fournit même une escorte commandée par l'un de ses aides de camp.

V

Les blessures de Larrey le retinrent à Bruxelles jusqu'au mois d'août 1815. L'empereur Alexandre, qui avait vu à Tilsitt notre chirurgien en chef, lui fit offrir une haute position dans son empire. Don Pedro, voulant créer à Rio-Janeiro une école de chirurgie, proposa au docteur Larrey le grade de chirurgien en chef des armées de l'empire du Brésil ; les États-Unis de l'Amérique du Nord lui adressèrent d'instantes prières pour l'attirer dans leur sein avec une position fort élevée, qui assurait à Larrey une grande et rapide fortune. Il était loin de la richesse, et cependant il refusa tout ; il aimait trop la France pour l'abandonner, surtout dans ses malheurs.

La Restauration priva d'abord le chirurgien en chef de son titre d'inspecteur général et de la pension que l'Empereur lui avait donnée après Bautzen. Cette pension fut rétablie en 1818 par un vote unanime de la Chambre des députés. Plus tard, le roi Louis XVIII lui accorda le titre de chirurgien en chef de la garde royale. En 1829, l'Académie des sciences l'élut en remplacement de M. Pelletan. En 1826, des travaux scientifiques avaient appelé Larrey en Angleterre ; l'accueil qui lui fut fait dans toutes les classes de la société prouva que le souvenir des soins prodigués aux blessés de l'armée britannique n'était pas oublié.

Dans les journées de juillet 1830, Larrey soignait, à l'hôpital du Gros-Caillou, les blessés de la garde royale. L'émeute arriva, comme jadis elle était arrivée, en Égypte, à la révolte du Caire ; en Espagne, à l'insurrection de Madrid. Comme en Égypte et en Espagne, Larrey défendit ses malades. Mais, cette fois, les paroles énergiques, la voix de l'humanité, l'appel aux sentiments généreux suffirent pour éloigner le danger.

Le gouvernement de Juillet fit rentrer le baron Larrey au conseil de santé. Il organisa plus tard le service des ambulances de l'armée Belge, et fut nommé chirurgien en chef de l'hôtel des Invalides. Tous les jours, à quatre heures du matin, le docteur Larrey se levait pour travailler. A sept heures, il se rendait à l'hôpital. Cependant, malgré les occupations les plus sérieuses, le labeur le plus opiniâtre et une activité sans pareille, Larrey semblait dominé par une pensée. Ne pouvant revoir ici-bas l'Empereur, il voulait revoir la famille impériale. Il partit donc, en 1834, pour l'Italie. A Rome, il fut admis auprès de la vénérable mère de Napoléon. Madame Mère, âgée de quatre-vingt-huit ans, et devenue aveugle, reconnut la voix de Larrey. Elle se leva, ouvrit les bras et pressa sur son cœur celui que l'Empereur avait tant estimé. A Florence, Larrey revit le prince Louis, ancien roi de Hollande, et sa sœur Caroline, qui avait partagé avec Murat le trône de Naples. Il se rendit ensuite auprès de la comtesse de Survilliers et de la princesse Charlotte, sa fille. Il rapporta de ce pieux pèlerinage les plus douces consolations.

Il avait repris le cours de ses travaux à l'hôpital des Invalides, au conseil de santé et à l'Institut, lorsque le choléra vint épouvanter le midi de la France. Le ministre de la guerre confia au docteur Larrey l'importante mission d'aller étudier le fléau dans son foyer le plus ardent. Larrey partit le 24 juillet 1835, et parcourut successivement les villes de Marseille, d'Aix, d'Avignon, d'Arles, de Beaucaire, de Nîmes, de Montpellier, de Béziers, de Castelnaudary et de Toulouse, visitant les hôpitaux et les habitations des pauvres. Partout il lutta courageusement contre le mal, dirigea l'assistance médicale et calma les inquiétudes des populations. Ce voyage fut un véritable triomphe.

Tout Paris put considérer, dans la journée la plus froide de l'année 1840, le vieux chirurgien en chef de l'Empire suivant à pied, tête nue, revêtu de son uniforme de Wagram, les restes mortels de Napoléon Ier, de l'arc de triomphe à l'hôtel des Invalides. Nous avons vu alors des larmes tomber des yeux de Larrey, dont le peuple ému venait presser les mains. « Jamais, dit-il dans ses Mémoires, mon cœur, qui pour être vieux n'en est pas plus dur, ne fut plus agité, plus brisé par mes souvenirs. »

Le baron Larrey se distingua surtout par le caractère. Le caractère est rare, même en des temps comme les nôtres, où les facultés intellectuelles et le savoir se rencontrent si souvent. Depuis le XVIIe siècle, le niveau des caractères s'est abaissé. Faut-il en accuser les révolutions qui abattent les âmes, ou les civilisations qui les amollissent ? Il n'en est pas moins certain que le caractère est devenu tellement rare, qu'on ne comprend plus dans le monde ce qu'exprimait ce mot. On confond volontiers l'énergie avec le caractère. On pense souvent aussi que le caractère est une qualité quelquefois utile dans les sphères élevées de la politique ou du commandement, mais sans application sérieuse pour les relations ordinaires de la vie. On se trompe : émanation de la conscience humaine, le caractère est le don le plus sacré que Dieu nous ait fait ; il est le signe de la seule grandeur, de la seule force. Une vieille devise exprime l'idée du caractère : *Fais ce que dois, advienne que pourra.* Pour réaliser cette devise, le courage serait insuffisant, l'esprit ou le savoir le seraient encore plus. Seul, le caractère donne à l'homme le pouvoir de faire ce qu'il doit, sans tenir compte des circonstances contraires.

C'était là le trait le plus tranché de la figure de Larrey. Il était chirurgien, mais aussi bien eût-il été administrateur, homme de guerre, diplomate ou homme d'État, si sa vocation première et la situation de sa famille l'eussent placé dans une autre voie que celle de la médecine. Larrey devait, dans toute carrière, être un homme considérable, précisément par son caractère. Il fut considérable dans l'armée à d'autres titres que ceux du commandement. Mais les titres scientifiques de Larrey et ses services de guerre furent plus remarqués, depuis 1815, que son caractère si élevé, si pur et si ferme. Vainement, la chirurgie militaire répétait-elle que dans son sein se trouvait un homme célèbre par ses travaux et ses grands services ; nulle place ne se faisait pour Larrey hors des académies. On doit être étonné que les gouvernements qui ont succédé à l'Empire n'aient pas compris que ce chirurgien en chef, ce vétéran de l'armée d'Egypte, héros de la campagne de Russie, signalé entre tous par le testament de l'Empereur, était un héritage du passé grand et glorieux, et que la place de cet homme arrivé à la vieillesse était marquée par l'histoire même dans les grands corps de l'État. Nous ne pensons pas qu'il y ait eu en France, aux époques dont nous parlons, beaucoup de poëtes ou d'industriels qui eussent autant que Larrey des droits à la reconnaissance et à l'estime du pays.

Pas plus que le pouvoir, la presse n'eut souci de cet acte d'ingratitude. Si les amis du vieillard le déploraient en secret, lui n'en éprouva jamais la moindre émotion. Il trouvait sa récompense dans le bien qu'il avait fait, dans le bien qui lui restait à faire. Il vécut donc dans la demi-obscurité où on le laissait, et ne perdit pas en puériles récriminations un temps mieux employé au service public. Il allait modestement de l'hôpital à l'amphithéâtre, soignait ses malades, instruisait ses élèves, écrivait des livres, aimant la vie calme de la famille, pratiquant la vertu simplement, naïvement, et ne sortant de sa bonhomie habituelle que lorsqu'un événement faisait vibrer en lui la corde patriotique. De ce côté, il fut toujours jeune et même enthousiaste. Son existence des camps, si longue et si active, avait fortifié la trempe militaire qu'il tenait de la nature. Son attitude, sa parole, l'expression brève de sa pensée, et je ne sais quoi de carré dans les idées, faisaient voir tout d'abord qu'il était de la famille guerrière; son front pensif et large, la gravité de sa physionomie, disaient aussi qu'il était homme de savoir et profond penseur. Une sorte de tristesse vague voilait parfois l'éclat du regard ; c'est qu'il avait vu tant souffrir et tant mourir, que l'empreinte mystérieuse de la douleur restait en lui ineffaçable.

Le baron Larrey avait atteint l'âge de soixante-seize ans, lorsqu'en 1842 il reçut du ministre de la guerre la mission de se rendre en Algérie pour y inspecter le service de santé et les hôpitaux militaires ; lui-même avait sollicité, de son vieux capitaine et ami, le maréchal Soult, ce pénible ser=

vice, auquel son fils fut associé. Les chaleurs étaient excessives dans les provinces qu'allait parcourir Larrey. Il partit heureux, heureux comme si l'Orient de sa jeunesse allait reparaître à ses yeux.

Je vis le baron Larrey à Philippeville, à Stora, à Constantine. Pendant une splendide matinée d'Afrique, nous étions, au camp d'El-Arouch, quatorze officiers réunis autour du vieux chirurgien de l'Empire; il nous avait raconté la mort du duc de Montebello, la bataille de la Moskowa et ses quarante généraux tués ou blessés : « C'était le bon temps, » s'écria le capitaine Bessières, des turcos de Constantine. Le baron Larrey le regarda, un triste sourire sur les lèvres, puis nous enveloppant tous de ce même regard plus triste encore, il nous dit : « Le bon temps ! nous disions cela en Égypte au souvenir de l'Italie; nous le disions en Allemagne au souvenir de l'Égypte; nous le répétions en Espagne... Ne faites pas, mes amis, des vœux insensés ; votre métier est grave, considérez-le avec respect, ne craignez pas la mort, mais parlez d'elle sérieusement. » Une réponse un peu légère fit redresser la tête de Larrey, qui ajouta : « Vous êtes quatorze autour de moi, tous jeunes et pleins de vie... Eh bien, n'oubliez pas que l'âme seule est immortelle. »

Vingt années se sont passées, et des quatorze officiers réunis autour de Larrey, cinq ont succombé sur la terre d'Afrique, deux ont trouvé la mort sous les remparts de Sébastopol, et trois sont tombés sur les champs de bataille de l'Italie. Le camp d'El-Arouch était commandé par Peyssard, alors chef de bataillon, devenu depuis général de division et que nous avons perdu aussi. La principale garnison du camp, assis au dernier versant des montagnes de la Kabylie, se composait de *zéphirs*, soldats indisciplinés, ardents, qui, braves au feu, étaient, hors de là, impossibles à conduire par les moyens ordinaires : aussi avait-on adopté un système de répression que l'Athénien Dracon, de rigoureuse mémoire, eût envié à notre discipline exceptionnelle. C'étaient le silo et la crapaudine, sans compter le reste. Habitués que nous étions à ce régime tonique, nécessaire aux natures rebelles de ces temps et aux circonstances dans lesquelles nous nous trouvions, ces punitions n'avaient à nos yeux rien d'anormal et ne troublaient nullement le repos de nos consciences. Il faut même dire que zéphirs et turcos prenaient fort bien la chose, et que ces derniers préféraient les coups de bâton distribués en plein air à la servitude d'une salle de police. Quant au zéphir, il l'eût démolie d'un tour de main ou l'eût vendue à quelque colon, comme firent les zéphirs de Bougie.

Le soir, nous étions de nouveau groupés autour du baron Larrey, qui dans son inspection avait tout vu, tout compris. Son visage était douloureusement affecté ; dans ces cœurs endurcis, le bon, l'honnête chirurgien vit l'humanité tout entière. Il nous parla longtemps. Jamais les nobles pensées qu'il exprima en cette circonstance ne sortiront de notre souvenir. Ce fut une sorte de discours antique, d'une élévation, d'une pureté qui frappaient d'autant plus qu'elles venaient d'un homme qui, plus qu'aucun autre sur la terre, avait vu la douleur des corps déchirer les âmes. Il nous sembla, pendant quelques instants, dans l'obscurité du soir, que, transportés à l'école d'Athènes, nous entendions Socrate développer sa morale ; mais Larrey s'élevait au-dessus de l'antique philosophie en restant tout simplement chrétien. Socrate eût invoqué la justice humaine qui se discute, Larrey nous montra la charité divine, qui ne se discute pas. Parmi nous se trouvaient de vieux reîtres descendants du baron des Adrets, et qui gardèrent un respectueux silence. C'est que les paroles de ce bon vieillard sur les soldats étaient comme de lointains échos d'Égypte et de Russie, où il avait adouci tant de souffrances. La voix de Larrey avait une gravité religieuse, une autorité paternelle, quelque chose de sacré que je ne compris pas complétement alors. Tout en lui portait ce caractère mystérieux qu'imprime la mort.

En effet la mort était en lui ; le vieux serviteur n'avait pu résister à ce dernier service. Le 5 juillet, il s'embarquait pour revenir en France, souffrant mais toujours ferme. Le 24, il arrivait à Lyon dans un état désespéré, et le lendemain, 25, son fils, digne héritier de sa science et de son nom, lui fermait les yeux. Une lettre, venue de Paris à l'instant, annonçait à ce fils que sa mère mourait en même temps. Une heureuse union, qui avait duré près d'un demi-siècle, venait de se terminer. La vertu modeste du foyer et l'éclatante vertu de la science et de la guerre s'éteignaient à la fois, comme si Dieu eût voulu épargner à ces nobles vieillards la suprême douleur de la séparation.

Nous ne rappellerons pas les cérémonies qui présidèrent à l'inauguration de la statue du baron Larrey, dans la cour d'honneur du Val-de-Grâce, le 8 avril 1850. Cette cérémonie prit un caractère national lorsqu'après les discours des interprètes de la science et de l'armée, la voix du président de l'Assemblée législative fit entendre ces paroles, qui exprimaient la pensée de tous : « Larrey a bien mérité de l'armée, bien mérité de la science, bien mérité de la patrie. Je salue sa gloire ; il a bien mérité de l'humanité. »

LE GÉNÉRAL DAUMÉNIL.

I

    Combien de fois n'a-t-on pas entendu prononcer le nom de Dauménil! Combien de fois les récits épars de ses actions n'ont-ils pas étonné! et cependant on le connaît à peine. Chacun sait sa bravoure et son désintéressement ; ses amis seuls et le soldat savaient la bonté de son cœur, l'élévation de son esprit et la naïve grandeur de son caractère.

    D'autres furent aussi braves, d'autres furent aussi bons, mais peu surent allier à la bouillante intrépidité, à l'ardeur, à l'audace de Dauménil, cette touchante bonhomie, cette simplicité, cette modestie, cette candeur qui nous ont fait souvent penser que Dauménil était peut-être l'homme le plus réellement militaire de l'Empire.

Car n'est pas militaire qui veut ; le génie, l'expérience, le travail, la taille ou la force physique, le courage même ne constitueraient pas seuls le militaire. Il faut, pour être *militaire dans l'âme*, comme nous disons à l'armée, posséder ce feu sacré, cet amour du soldat, cette gaieté de la conscience, cette indépendance de l'esprit, cette honnêteté du cœur, ce mépris de la mort, ce dédain de la fortune, cette humanité dans la force, cette simplicité dans la grandeur, cette insouciante fermeté, cette liberté d'esprit, cet instinct de patriotisme qui distinguaient Dauménil au suprême degré.

Chevaleresque comme aux temps d'autrefois, et, sans le savoir, franc et loyal, jamais courtisan, peu soucieux des honneurs, supérieur aux disgrâces, gai compagnon de guerre, spirituel et prompt aux fines réparties, Dauménil était donc militaire dans l'âme.

Il le fut toujours, et c'est là sa gloire. Quand vinrent les cheveux gris, pas plus qu'au temps des grandeurs, on ne le vit détourner son regard des rangs modestes d'où il était parti. Mutilé par la guerre, héros dans les grands drames de l'Empire, plus illustre encore par son gouvernement de Vincennes, il vécut comme un sage dans sa modeste retraite, toujours aussi gai, aussi bon, aussi simple, aussi brave, beaucoup plus pauvre, c'était tout.

Il nous plaît de trouver Dauménil au second rang ; non au second rang pour l'énergie, pour l'honneur, pour les services, pour la capacité, mais bien pour les grades et les faveurs. Il ennoblit ce rang, qui a tant besoin d'être ennobli, car sans le parfum qu'y répandent les honnêtes gens personne n'y voudrait demeurer. Il était donc au second rang, cédant le pas aux plus pressés, s'effaçant volontiers, le sourire aux lèvres, ne demandant jamais, se tenant à l'écart, comme un digne soldat qu'il était.

Mais les jours de bataille il reprenait sa place au premier rang. Aussi, la guerre terminée, Dauménil put-il dire qu'il avait plusieurs fois sauvé la vie de Napoléon.

S'il eût été comblé de faveurs, s'il eût commandé en chef les armées, s'il eût laissé à ses enfants les trésors conquis par la victoire, serait-il aujourd'hui plus illustre ? La postérité, dont nous sommes l'avant-garde, conserverait-elle plus longtemps la mémoire de son nom ?

Nous n'hésiterons pas à dire que ce qui fit Dauménil si populaire, est précisément d'être resté au second rang lorsqu'il était, autant que d'autres, taillé pour le premier. C'est bien quelque chose ici-bas, à côté des boutades de la fortune, que cette estime de tous, cette affection des petits, et cette adoption des soldats, qui, eux aussi, décernent des titres : à Napoléon celui de *Petit-Caporal*; à Lanoue celui de *Bras-de-Fer*; à Bayard celui de *Sans peur et sans reproches*; à Bugeaud celui de *Père*; à Dauménil celui de *Jambe de Bois*.

II

Il est des physionomies qui respirent le commandement. C'est un mélange harmonieux de force morale et de bienveillante bonté. Dauménil avait une de ces physionomies. Homme du Midi, le sang gaulois bouillonnait dans ses veines. Une épaisse chevelure frisée indiquait la vigueur; un large front, l'intelligence; un œil étincelant, l'énergie ; tandis que le sourire cordial, le regard caressant inspiraient la confiance et la sympathie indispensables au commandement militaire.

La nature l'avait donc fait soldat ; aussi resta-t-il

soldat en dépit des boulets qui mutilaient son corps, en dépit des caprices politiques qui brisaient sa carrière.

III

Fils d'un ancien capitaine de cavalerie devenu négociant, Pierre Dauménil naquit à Périgueux en 1776. A l'âge de quinze ans, il poursuivait le cours de ses études lorsqu'un soldat d'artillerie fit à l'écolier une insulte fort grave. Dauménil exigea réparation par les armes, et l'artilleur tomba roide mort d'un coup de fleuret dans la poitrine. Le lendemain l'émotion était grande en la ville et au collége. Le jeune homme, laissant ses livres, gagna les champs et marcha jusqu'à Toulouse. Là, il fit rencontre du 22ᵉ régiment de chasseurs à cheval, attaché à l'armée des Pyrénées-Orientales ; le lendemain, Pierre Dauménil était chasseur au 22ᵉ.

Peu de temps après, il guerroyait en Espagne. A sa première campagne, Dauménil fut grièvement blessé d'une balle à la cuisse. Longtemps on désespéra de sa vie. Transporté en France et presque guéri, il partit gaiement pour l'Italie.

Nous disons gaiement, parce que le général Dauménil aimait à se rappeler les temps heureux de sa jeunesse, ses pèlerinages en Espagne et en Italie. Presque enfant, pauvre, blessé, il allait des Pyrénées aux Alpes son sabre sur l'épaule, son portemanteau en sautoir, fredonnant, riant, respirant le grand air, sans se douter qu'il était de ceux qui sauvaient leur pays.

Lorsque le général Bonaparte prit le commandement de l'armée d'Italie, il organisa une compagnie de guides. Pour être de la compagnie, le courage ne suffisait pas, il fallait de l'audace. Dauménil fut choisi. Eh bien ! il fut le plus audacieux de la compagnie. « J'avais du bonheur en ce temps-là ! » avait coutume de dire le général Dauménil.

Pendant les immortelles campagnes d'Italie il enleva six drapeaux à l'ennemi. On le vit en prendre deux dans une seule bataille. Lorsqu'il se présenta au général en chef pour lui remettre le premier, le général Bonaparte était si fortement préoccupé, que Dauménil ne reçut de lui ni éloges ni récompenses. Il revint bientôt en porter un autre ; c'était le magnifique et riche étendard des volontaires de Vienne, donné par l'impératrice d'Autriche, qui l'avait brodé elle-même et enrichi d'une cravate de la plus grande magnificence. Le général en chef s'aperçut que cet ornement avait été enlevé, et en fit l'observation. Dauménil se prenant à sourire et retirant la cravate de sa poche, dit avec un léger accent périgourdin : « Mon général, vous ne m'avez rien accordé pour le premier, je me suis payé pour le deuxième. » (1)

Dans une autre affaire, Dauménil fit prisonnier M. de Frimont, émigré français. Se voyant entre les mains d'un simple soldat de la République, le gentilhomme craignit d'être maltraité et s'empressa d'offrir sa montre à Dauménil : « Ah bien oui ! votre montre ! s'écria le chasseur, c'est moi qui veux vous en donner une ! »

Dans la matinée, les guides avaient chargé l'arrière-garde autrichienne et enlevé un riche convoi. Dans le lot qui lui était échu pour sa part de butin, Dauménil possédait une caisse de bijouterie et d'horlogerie. Il obligea son prisonnier à choisir une belle montre du plus grand prix.

Longtemps après, en 1814, les ennemis entrèrent à Paris. Le chasseur des guides était général, gouverneur de Vincennes ; le prisonnier, M. de Frimont, était le feld-maréchal de Frimont, l'un des chefs principaux de l'armée autrichienne.

---

(1) *Etudes sur Napoléon*, par le colonel de Baudus, t. II, p. 103.

M. de Frimont se rendit à Vincennes pour remercier son généreux vainqueur d'autrefois de ses procédés chevaleresques. Voyant l'état pitoyable des fortifications, il ne put s'empêcher de combler d'éloges ce brave et loyal adversaire. Voulant laisser un souvenir à Dauménil, le maréchal de Frimont lui offrit une belle paire de chevaux.

Au passage du pont d'Arcole, le général Bonaparte, dont les troupes étaient repoussées, se mit à la tête d'une colonne et se précipita sur le pont. Renversé dans le fleuve, il allait périr, car les tourbillons de fumée, les hommes morts, les monceaux de débris, le bruit des décharges, les cris empêchaient de voir et d'entendre. Mais deux guides, qui avaient l'œil sur le général Bonaparte, Dauménil et Musy, se précipitèrent à l'eau et furent assez heureux pour sauver le général en chef.

Dans la suite, et en témoignage de sa reconnaissance, l'impératrice Joséphine accorda une pension à Dauménil et à Musy.

Ces deux soldats étaient de vieux amis de guerre ; dans les combats ils se soutenaient, dans les fatigues ils s'entr'aidaient, leur bourse était commune, et cette association de deux braves cœurs donnait souvent lieu à des traits d'héroïsme.

« Nous serons tués par le même boulet, » disait

gaiement Musy. Ensemble, ils traversèrent les mers, combattirent en Égypte, revirent l'Europe et toutes les grandes batailles jusqu'au jour de Wagram. Dans ce jour de victoire, Musy et Dauménil étaient encore là ; mais, au plus fort de la mêlée, un boulet de canon enleva Musy, et Dauménil, sanglant, roula près de lui, une jambe emportée.

Dauménil, il faut bien le confesser, avait conquis plusieurs fois les galons de brigadier, et même ceux de maréchal des logis ; mais, hélas ! on était en campagne : l'action, le mouvement, l'ardeur du sang, l'occasion, la jeunesse, faisaient perdre ces galons si rudement gagnés.

En Égypte, l'infanterie française montra une sorte d'étonnement lorsqu'elle se vit chargée par la foudroyante cavalerie des mameluks. Eux, désespérés de ne pouvoir enfoncer nos carrés, barrières de fer et de feu, retournaient leurs chevaux sur les baïonnettes françaises et les renversaient pour se frayer un passage. L'un de ces intrépides mameluks surtout s'était plusieurs fois précipité sur les rangs malgré les baïonnettes et les balles. « Cet homme est invulnérable », criaient les grenadiers. Le général Bonaparte, à cheval dans le carré, conçut quelque humeur, appela Dauménil, lui remit un pistolet en disant : « Va me descendre ce cavalier. »

Dauménil fit ouvrir l'un des angles du carré, s'élança au galop au milieu d'une nuée de mameluks et d'une grêle de balles, rejoignit le terrible musulman, et, devant tous, le renversa.

Quelques minutes après, il rendait au général en chef son pistolet, en disant: « Il est mort! »

A Aboukir, Dauménil s'empara de l'étendard du capitan-pacha.

Bonaparte était debout sur une pièce de canon pour mieux observer l'ennemi; Dauménil, s'apercevant que cette pièce se trouvait sous le feu d'une batterie, ose saisir le général à bras le corps et l'enlever. Un lieutenant d'artillerie prend à l'instant même la place qu'occupait Bonaparte : un boulet siffle et emporte le lieutenant, et Dauménil dit à Bonaparte, qu'il vient de déposer à terre : « Excusez, mon général ! »

Au siége de Saint-Jean-d'Acre, une bombe vint s'enterrer aux pieds du général Bonaparte; Dauménil se précipite entre le projectile et son général, l'entoure de ses bras pour le soustraire à une mort presque certaine, et le couvre de son corps. La bombe éclate sans blesser Bonaparte, qui dit simplement : « *Quel soldat!* » Peu d'instants après, Dauménil monte le premier à l'assaut. Précipité du haut des remparts au fond du fossé par l'explosion d'une mine, il reçoit au pied des murs écroulés l'un des premiers sabres d'honneur décernés à l'armée.

D'un tel homme il faut tout dire, car, même dans ses fautes, Dauménil est grand.

Dauménil avait accompli mille actions d'éclat; il s'était illustré dans l'armée entière, et, depuis longtemps, il eût été officier sans la violence des passions qui parfois l'égaraient.

Au retour de la campagne de Syrie, se trouvant dans un café au Caire avec quelques-uns de ses camarades, ils entretenaient joyeusement la flamme d'un vaste bol de punch. Des généraux survinrent. Quelques difficultés s'élevèrent, et des paroles imprudentes, on dit même des menaces, furent entendues.

Un conseil de guerre s'assembla, et tous furent condamnés à être fusillés.

Le général en chef ne put se résoudre à laisser mourir ainsi le plus brave soldat de l'armée, auquel deux fois au moins il avait dû la vie.

Un aide de camp vint dire à Dauménil qu'il obtiendrait sa grâce s'il la demandait. « Jamais, dit-il, sans mes camarades ! » Conduit au lieu de l'exécution, il vit fusiller ses compagnons, mais il persista à ne pas demander sa grâce.

Le désespoir dans l'âme, il fut ramené dans sa prison.

Lorsqu'après le 18 brumaire, les guides formèrent la garde des consuls, le général Bonaparte voulut que Dauménil fît partie de cette garde.

Le général Bessières, colonel des guides, qui avait pour Dauménil une paternelle amitié, le fit arriver successivement jusqu'au grade d'adjudant.

Dès ce jour, Dauménil ne fut plus le même. La dignité du commandement le transforma subitement, et bientôt il porta l'épaulette d'officier.

Marengo, Austerlitz, Golymin, Eylau, Friedland, Eckmuhl, Madrid le virent aussi brillant officier qu'il avait été intrépide soldat. Il ne manqua pas une bataille. Dauménil devint colonel des chasseurs de la garde, et fut appelé, en 1809, avec son régiment, à la Grande Armée qui marchait sur l'Allemagne.

Colonel à trente-deux ans, criblé de blessures, aimé, admiré de toute l'armée, magnifique cavalier, Dauménil possédait la confiance et l'affection de l'Empereur.

Dans la campagne d'Autriche, d'importantes

missions furent confiées par Napoléon lui-même au colonel Dauménil.

Vint enfin la journée de Wagram. Le colonel, paré de son grand uniforme, monté sur un magnifique cheval, le sabre à la main, parcourait au galop le front du régiment. Son visage, illuminé de gloire et de bonheur, excitait l'enthousiasme dans les rangs. D'une voix stridente, il fit entendre ce commandement sublime : *Chargez !...*

Et tous s'élancèrent, balayant la plaine comme un ouragan ; la terre tremblait sous le pas des escadrons ; des flots de fumée tourbillonnaient..... C'était une tempête humaine, la plus magnifique expression de la guerre, la cavalerie déchaînée...

Le colonel charge en tête, l'œil ardent, et tous le suivent.

Les boulets sifflent de toutes parts. Tout à coup le cheval du colonel fait un immense écart et tombe. Dauménil laisse échapper son sabre, ses yeux se ferment....., un boulet vient d'emporter sa jambe. . . . .

. . . .

C'était sa vingt-troisième blessure.

IV

Napoléon avait pour Dauménil un sentiment étrange, qui était plus que l'affection, plus que la confiance.

Il pensait qu'à côté de Dauménil, la mort ne pouvait l'atteindre. Aussi, pour ses escortes périlleuses, demandait-il sans cesse Dauménil au maréchal Bessières, qui disait : « L'Empereur pense que Dauménil lui porte bonheur ! »

Jusqu'à Wagram, la vie de Dauménil appartient à l'armée, dont il est une des gloires ; désormais, cette vie appartient à l'histoire.

Au milieu de nos haines de partis et de nos préjugés, il n'est pas un homme en France qui ne soit fier de Dauménil. Il n'est pas un homme qui ne comprenne que Dauménil fut un grand citoyen, et qu'il eut au suprême degré le courage civil, rare toujours, et surtout quand grondent les émeutes.

Que pourrions-nous ajouter à cette page ? Qui ne sait qu'après Wagram l'Empereur confia le gouvernement de Vincennes au général Dauménil ? Qui ne sait qu'il soutint là presque seul l'honneur du nom français ?

Ce que l'on ne sait peut-être pas assez, c'est qu'après la capitulation du 30 mars 1814, le matériel immense qui couronnait les hauteurs de la capitale devait être livré à l'ennemi le lendemain matin. Pendant la nuit, Dauménil sort de Vincennes à la tête de 250 chevaux, les seuls qui fussent dans la place ; il enlève et introduit dans la forteresse les canons, les fusils, les munitions et tout ce matériel qui fut plus tard estimé à plusieurs millions de francs.

Le lendemain, les alliés réclament ce qu'ils croient leur appartenir, et ils apprennent que Dauménil s'en est emparé. Des généraux de l'armée alliée se rendent à Vincennes, en qualité de commissaires, et, par droit de conquête, réclament fièrement cet immense matériel. Dauménil refuse. Alors, l'un des commissaires lui dit : « Eh bien ! général, nous vous ferons sauter ! — Venez, répond Dauménil, en lui montrant un magasin où se trouvaient entassés dix-huit cents milliers de poudre, venez, nous sauterons ensemble ! et si je vous rencontre en l'air, je réponds de ne pas passer sans vous faire une petite blessure. »

Pendant le blocus de la forteresse, les opérations exigeaient qu'on renversât la maison de M. Second, ancien maire de Vincennes ; « tout était préparé, ajoute M. Second lui-même dans une lettre rendue publique; mais, au moment de l'exécution, Dauménil s'arrêta et dit à un officier : M. Second est bien heureux d'être mon ennemi : on dirait que j'ai voulu me venger! »

Et la maison fut conservée. M. Second, il est inutile de le dire, fut depuis au nombre des meilleurs amis de Dauménil.

Lorsqu'en 1815 l'ennemi foula de nouveau le sol de la France, il trouva encore Dauménil debout sur les remparts de Vincennes. Il conservait seul le matériel de la France, son unique richesse. L'étranger somme Dauménil de se rendre. « Rendez-moi ma jambe, je vous rendrai la place! » fut sa seule réponse.

Combien de mots sont conservés dans l'histoire des Grecs et des Romains qui ne valent pas cette répartie de cavalier!

Sachant qu'il ne se rendrait pas, Blucher fit proposer à Dauménil un million de francs pour prix d'une capitulation.

Dauménil se lève fièrement, et, le sourire aux lèvres, il dit à l'envoyé : « Mon refus servira de dot à mes enfants! »

Combien vous deviez être grand aux yeux de Dieu, vieux soldat pauvre et mutilé, lorsque, quelques jours après, dans votre modeste retraite sur les bords de la Seine, vous étiez seul à l'ombre de vos tilleuls, entre une mère et ses enfants !

Pendant quinze ans, des pensions, des grades furent distribués dans le pays pour lequel vous aviez tant fait, et vous restiez toujours dans l'obscurité, toujours oublié, toujours pauvre et résigné ; mais toujours fier, toujours joyeux !

En passant devant votre maisonnette, les bateliers saluaient, disant : « Voilà la Jambe de Bois ! » car la France ne vous avait pas oublié.

V

Rendu en 1830 au gouvernement de Vincennes, le général Dauménil eut l'occasion de montrer quels trésors de vertus renfermait son âme.

Les ministres de Charles X sont enfermés dans le donjon en attendant des juges. Une populace ivre de vengeance vient à grands cris demander la tête des ministres. Le gouvernement est effrayé, tandis que Paris tout ému pressent une de ces journées sinistres qui laissent dans l'histoire des nations une trace sanglante.

Dauménil s'avance seul au-devant de ces masses

égarées : « Vous demandez les têtes des accusés ? s'écrie-t-il de sa voix de commandement, vous ne savez donc pas que ces têtes n'appartiennent qu'à la loi ? Vous ne les aurez qu'avec ma vie ! »

Un honnête homme qui se trouvait dans la foule, fait entendre ces mots : *Vive la Jambe de Bois !* et les masses populaires, si impressionnables, si avides de merveilleux, si faciles à manier quand elles sentent la force, répètent : *Vive la Jambe de Bois !*

Les ministres de Charles X sont ainsi sauvés par l'homme qui avait peut-être le plus justement à se plaindre du gouvernement qui venait de tomber.

Encore deux traits de la vie intime de Dauménil. Lorsque les ministres furent jugés par la chambre des pairs, les membres du gouvernement, qui craignaient tout de la multitude exaspérée, vinrent la nuit chercher à Vincennes les prisonniers. Ils se levèrent promptement. Mais M. de Chantelauze, déjà malade, était depuis la veille en proie à d'horribles souffrances. On insistait cependant pour l'emmener. « Vous n'aurez pas cette cruauté, s'écria Dauménil à la commission assemblée, laissez, je vous supplie, M. de Chantelauze se remettre. Je vous jure sur mon honneur de soldat qu'il sera demain matin au Luxembourg. Je l'y conduirai moi-même et je le défendrai contre l'univers entier ! »

En effet, le lendemain, M. de Chantelauze était réuni à ses anciens collègues. Il avait, sous la protection de Dauménil, traversé tout Paris, nous ne dirons pas sans accident, mais sans risques, car il avait pour égide la poitrine d'un honnête homme, et cet honnête homme se nommait dans le peuple : *la Jambe de Bois.*

Dauménil ne dut pas, ce jour-là, regretter le million de Blucher. Mais le vieux roi, dans l'exil, dut regretter de n'avoir pas mieux connu les serviteurs de la France.

Un détail puéril en apparence peut ici trouver sa place. Au moment où M. de Chantelauze s'asseyait dans la voiture, Dauménil retourne vivement sur ses pas. Sa femme, qui pieusement le suit du regard, à cette heure sinistre, pense peut-être qu'il va chercher son épée, ou des pistolets, ou quelques sauf-conduits, ou des épaulettes. Il songe bien à cela, le *terrible* gouverneur, l'intrépide cavalier ! Il revient, un édredon dans les mains, un édredon pour les membres endoloris de M. de Chantelauze. Ce prisonnier souffre de mille façons, et le vieux soldat veut mettre sur les plaies de son corps comme sur celles de son âme le duvet de la charité.

Pendant le mois de mai 1831, le général Dauménil, sa femme et quelques personnes faisaient le tour des remparts de la citadelle. Parmi les pièces d'artillerie placées en batterie, quelques-unes portaient le soleil et la devise de Louis XIV : *Nec pluribus impar*, avec trois fleurs de lys en écusson. Un capitaine de la garde nationale de Paris, qui se trouvait avec Dauménil, dit alors : « Général, comment ne faites-vous pas effacer les fleurs de lys qui sont sur ces pièces ?— Je m'en garderais bien, reprit la *Jambe de Bois* ; je respecte trop les canons qui ont fait la conquête de la Flandre et de la Franche-Comté. »

Nous avons sous les yeux un précieux manuscrit qu'un sentiment de respectueuse discrétion nous interdit de publier ; mais dans ce manuscrit nous trouvons cette pensée douloureuse : «..... Il avait résisté au feu de l'ennemi ; le métier de geôlier le mina plus que n'avait pu le faire la guerre, et le fléau l'acheva. »

Victime du choléra, le général de division baron Dauménil mourut le 17 août 1832, à l'âge de cinquante-six ans.

VI

C'est avec dessein que nous avons oublié de dire qu'une assemblée politique française refusa la pension demandée par le gouvernement pour la veuve et les enfants du général Dauménil.

« Tout autre à sa place aurait fait les mêmes choses », dirent les députés.

Ces paroles étaient prononcées au Palais-Bourbon le 1ᵉʳ juin 1833.

Puissent tous ceux qui ont refusé de payer la dette de la patrie reconnaissante, laisser à leurs enfants le droit de dire, comme les enfants de Dauménil :

« Il n'a voulu ni se vendre ni se rendre. »

Puissions-nous un jour lire ces mots sur le piédestal d'une statue ! Puissions-nous saluer en passant l'image de bronze de ce soldat qui sauva la vie à Napoléon, qui sauva l'honneur de la patrie, qui sauva les trésors de la France, et que l'histoire nommerait le soldat *Sans peur et sans reproches*, si déjà le peuple ne l'avait nommé la *Jambe de Bois*.

|VII

Le comte Alfred de Vigny a dit que les armées renferment dans leur sein une nature d'homme que le pays connaît mal et ne traite pas bien. Mais en peignant en splendides couleurs cette nature,

M. de Vigny lui donne toujours pour cadre les rangs de l'infanterie. Il nous montre sous un aspect sombre la servitude militaire, inflexible et lourde comme le masque de fer du prisonnier sans nom.

Malgré notre admiration sincère pour le comte de Vigny, aussi noble cœur que grand poëte, nous ne saurions admettre toutes ses idées sur le caractère de l'armée. Il ne fallait pas considérer seulement les traits généraux du visage militaire dans les ennuis de la garnison, et dans la douloureuse existence d'une paix signée le lendemain de Waterloo. Cette paix avait laissé au cœur des gens de guerre une blessure profonde et toujours saignante. On souffrait de la blessure, mais en la cachant à tous les yeux. La jeunesse d'alors, avec la poésie mélancolique de ce temps, accusa la servitude militaire de creuser au visage des rides anticipées, et de mettre au cœur des flétrissures sans remèdes. On maudissait la guerre, on déplorait le sort du soldat, on rêvait la paix universelle, la paix éternelle, et de la meilleure foi du monde on se trompait. Pour comprendre la beauté d'une médaille antique, il faut considérer la face après avoir considéré le revers. D'un côté, notre médaille porte, il est vrai, la servitude militaire, mais cette servitude est anoblie par le sacrifice, sanctifiée par le sang du serviteur. De l'autre côté, est la grandeur militaire. Cette grandeur est la gloire des familles depuis et avant les croisades ; elle est la gloire de la France, qui même aux jours ou s'écroulaient le trône et les autels, a vu sa grande épée planer au-dessus de l'Europe entière.

Non, la couronne des armées n'est pas toujours une couronne d'épines, comme l'ont proclamé les poëtes ; non, l'aiguillon de l'obéissance passive ne fait pas seul tressaillir le soldat.

L'*arme* où l'on *sert*, dit le comte de Vigny, est le moule où l'on jette son caractère, où il se change et se refond, pour prendre une forme générale imprimée pour toujours. L'homme s'efface sous le soldat. »

Cette pensée nous ramène à Dauménil, qui servait dans l'arme de la cavalerie. Lui aussi connaissait l'*abnégation*, lui aussi connaissait la *servitude militaire*, mais il n'en était nullement attristé, et la grandeur guerrière le consolait de tout. Chez lui l'homme ne s'était pas effacé sous le soldat. Loin de là, le soldat avait grandi l'homme en développant le cœur, en élevant l'âme, en éloignant l'intelligence des mesquins intérêts qui, bien plus que l'armée, effacent l'homme sous la rouille de l'égoïsme.

Monsieur le duc de Lauzun ou le prince de Guéménée, aux jours les plus splendides de la vieille monarchie, n'avait pas meilleur air à la cour que Dauménil dans les villes conquises au galop de nos escadrons. L'or ruisselait sur son uniforme d'officier, et ses chevaux magnifiques bondissaient sous l'étreinte. Sans souci de la veille et sans souci du lendemain, il prodiguait son courage, son esprit, sa bonté, ses richesses d'un jour, avec la naïve gaieté d'une honnête conscience. Son âme n'avait pas une tristesse, et son corps cicatrisé de blessures n'avait pas une douleur. La vie lui était légère et douce. Joyeux compagnon et surtout bon compagnon, chacun l'aimait. Ses soldats, qui le considéraient comme une sorte de demi-Dieu des combats, se montraient fiers de lui obéir et de le suivre au foyer des mêlées, où s'enlèvent les étendards ennemis. Aux yeux de Dauménil, Napoléon personnifiait la patrie, et son amour pour l'Empereur traduisait son amour pour la France.

Il dépassait à peine sa trentième année, et marchait à la tête de l'un des régiments d'élite de la plus belle armée du monde. Son nom avait trouvé sur les champs de bataille de l'Égypte et de l'Italie une popularité que la guerre seule sait donner. Sur Dauménil, les vétérans de la cavalerie racontaient aux nouveaux soldats mille aventures étranges et presque fabuleuses. Il cueillait, disait-on, les drapeaux ennemis au fort de la bataille, en se jouant des blessures et de la mort ; il enlevait à la course les mameluks et les jetait aux baïonnettes des fantassins ; il traversait les fleuves et ramenait au bivouac les vedettes effrayées. Dauménil apparaissait donc aux imaginations, tantôt aux pieds des Pyramides sabrant les pachas, tantôt en Italie protégeant dans leur palais de marbre les châtelaines éplorées. C'était le houzard, c'était le preux, tour à tour galant et fourrageur. Les camps ont aussi leur héros légendaire, comme les vieux manoirs et comme les chaumières. Dauménil était le héros de cette légende, où le merveilleux se mêlait à la vérité. Il en riait de bon cœur.

Dans cette armée si brave, dans cette cavalerie si pleine d'audace, il était, pour tous, le brave et l'audacieux. Parmi ces houzards si beaux, si spirituels, si francs, si loyaux, si insoucieux, si joyeux dans les charges, il petillait et brillait. Dauménil était la personnification du cavalier de l'Empire. Le souverain le plus grand de la terre lui accordait une confiance empreinte de reconnaissance et d'étrange amitié.

Dauménil allait donc aux honneurs et à la fortune militaire lorsqu'un boulet de canon le renversa dans les champs de Wagram, mutilé pour toujours.

Beaucoup, même parmi les plus forts, n'auraient pu résister au désespoir. Il est des lames bien trempées qui se brisent sous un choc ; d'autres lames plient et ne se redressent jamais.

Le coup fut terrible pour Dauménil, mais il ne plia pas une seule minute. Il résista, non par le sentiment religieux, qui jette le voile du mépris sur les félicités humaines, non par l'orgueil philosophique qui se roidit contre la destinée, mais il résista par sa résignation militaire, son énergie de cavalier, sa dignité d'officier.

La vie de guerre, cette belle et noble vie d'émotions, se terminait pour le jeune colonel ; et cependant il n'appela point la mort, et pas un gémissement ne s'échappa de ses lèvres. On pleurait autour de lui ; les cavaliers se détournaient pour cacher leur douleur, et lui les consolait sans larmes et sans sourires.

Le docteur Larrey, qui, en Égypte, lui avait prodigué ses soins, amputa de la jambe droite le brave Dauménil, sur le champ de bataille même.

Le colonel était sans fortune personnelle, car il

avait toujours compris la guerre à la façon de Bayard. Voici comme il l'entendait.

Un jour, en Italie, le détachement que commandait Dauménil rencontra sur son passage des fourgons que l'ennemi avait renversés pour ralentir la poursuite des troupes françaises. Ces fourgons étaient une partie du trésor de l'armée, et les pièces d'or ruisselaient des caisses enfoncées. La route en était étoilée, et les fers des chevaux, en les lançant dans les flots de poussière, faisaient scintiller le métal. Certes, en telles rencontres, beaucoup seraient tentés de s'arrêter un instant. Il y eut même dans les rangs une instinctive hésitation et des cris de joie, car tous étaient pauvres. — « En avant, camarades! s'écria Dauménil, l'ennemi est là; au galop et ne prenons pas garde aux éclaboussures! »

Le grand Frédéric assure en ses écrits que quelques sacs d'écus, répandus sur la route, arrêtent infailliblement une poursuite. Le procédé lui était familier, et jamais, pendant ses longues guerres, il n'eut à constater l'impuissance de l'or. C'est que Frédéric II n'avait pas rencontré des soldats de la trempe de Dauménil.

La pension de retraite, encore plus faible alors qu'elle ne l'est aujourd'hui, allait donc priver du bien-être que lui donnaient ses traitements, un homme habitué à mener largement l'existence. Dauménil n'y songea même pas.

Transporté à Vienne après l'amputation de sa jambe, il fut placé au palais Esterhazy, dans la même chambre que son camarade le général Corbineau, amputé de la jambe gauche à Wagram par le baron Larrey.

Corbineau se plaisait à répéter depuis combien la puissance morale de Dauménil avait contribué à calmer ses souffrances. Il sauva même la vie de Corbineau, comme nous allons le rappeler. Mais, avant, il faut dire jusqu'aux puérilités de cette existence si forte.

Entre deux pansements, Dauménil avait dessiné sur le rond de sa cuisse coupée une figure d'enfant, et se jouant de ce glorieux débris, il l'avait emmaillotté et coiffé. Un instant après, le prince Berthier vint, de la part de l'Empereur, s'informer de ses nouvelles. — « Vous direz à Sa Majesté, répondit le colonel Dauménil, que la mère et l'enfant se portent bien. »

Une grande fête se célébrait à Vienne ; les illuminations de la ville avaient attiré en dehors tous les habitants, et les serviteurs mêmes s'étaient éloignés. Dauménil et Corbineau se trouvaient seuls. Le plus profond silence régnait. Un léger bruit, semblable à celui de gouttes d'eau tombant sur un parquet, attire l'attention du colonel. Il appelle Corbineau et ne reçoit pas de réponse. Dauménil cherche alors à se soulever, mais sa faiblesse est extrême, et, au moindre mouvement, l'appareil de la blessure peut, en se dérangeant, produire une hémorrhagie mortelle. Dauménil appelle de nouveau, mais le général Corbineau se tait. Le colonel ne balance pas : se laisser glisser hors du lit, se traîner jusqu'à celui du général, le voir évanoui, inondé de sang, fut l'affaire d'un moment. Si Dauménil ne se dévoue, Corbineau va mourir, car il perd tout son sang.

Sur ses mains et sur la jambe qui lui reste, sans vêtements, Dauménil se traîne jusqu'à la porte. S'aidant d'une chaise il parvient à l'ouvrir. Il gagne l'escalier, s'accroche à la rampe, descend deux étages, non sans des chutes cruelles. Tout sanglant, il vient au rez-de-chaussée, mais ses forces sont épuisées. Alors il rassemble toutes les puissances de son âme et de son corps, il fait un suprême effort et appelle au secours de Corbineau. Dieu ne permit pas qu'un tel dévouement fût sans récompense. On accourt au moment où Dauménil, épuisé, tombe sans connaissance. Au premier serviteur qui se présente, il prononce, d'une voix mourante, le nom de Corbineau, et de sa main indique les étages supérieurs.

Il fut rapporté dans son lit, et plusieurs médecins rappelèrent à la vie les deux compagnons d'armes. Le général Corbineau reprit le premier ses sens ; quelques instants après, le colonel ouvrit les yeux, dirigea son premier regard vers le lit de Corbineau, et le voyant inquiet, il lui dit gaiement : « Savez-vous, mon général, que j'ai été voir les illuminations ? » (1)

Le 2 février 1812, l'Empereur nomma Dauménil général de brigade, et lui confia le gouvernement de Vincennes. En partant pour la campagne de Russie, Napoléon dit au général : « J'ai besoin d'un homme sur lequel je puisse compter, et j'ai songé à vous. C'est de Vincennes que partiront le matériel et les munitions nécessaires à mes armées. »

Le matériel confié au général Dauménil fut, en 1814, estimé à la somme de 86 millions. Le gouverneur de Vincennes conserva ces millions à la France. Outre ce matériel, la place renfermait des

---

(1) *Souvenirs militaires* du colonel de Baudus.

objets divers d'une valeur au moins égale, mais dont le chiffre total n'est pas indiqué d'une façon positive dans l'inventaire que nous avons sous les yeux. Les Alliés estimaient à 200 millions les richesses renfermées au château de Vincennes.

En 1815, après la bataille de Waterloo, le fort fut de nouveau entouré par les ennemis. Blücher commandait lui-même les troupes qui entouraient Vincennes. Daumesnil refusant de se rendre, le général en chef prussien entreprit de détourner les eaux qui alimentaient la forteresse. Ce moyen, employé dans les siéges, est conforme aux lois de la guerre. Des travaux furent donc commencés au village de Montreuil pour détourner les eaux. La situation des assiégés serait devenue extrêmement grave, et la place eût été forcée de se rendre. Daumesnil le comprit, et écrivit au feld-maréchal Blücher qu'il se ferait sauter plutôt que de rendre Vincennes. La lettre du gouverneur était conçue en termes si positifs, que Blücher ne mit pas en doute la résolution de Daumesnil. Une partie des troupes ennemies auraient péri avec les défenseurs de la place; et ce grand événement pouvait avoir d'incalculables conséquences à tous les points de vue. Ce fut alors que Blücher dit fort spirituellement : « Ce diable d'homme se fâchera si je ne lui met pas d'eau dans son vin. » L'eau continua donc à arriver à Vincennes.

Parmi les défenseurs de la place se trouvaient des invalides dont plusieurs avaient, comme Daumesnil, une jambe de bois. Un jour, les boulets prussiens venaient de labourer les remparts sans atteindre aucun homme, et Daumesnil de s'écrier : « Ils ne savent pas jouer ! pas une seule boule n'a renversé une quille ! »

Souvent il faisait des sorties avec sa garnison. Monté sur un cheval de brasseur, il ramenait des canons et des prisonniers; en ces circonstances, son esprit pétillait, et ses bons mots, ses boutades, soutenaient le courage parfois chancelant d'une garnison composée d'enfants ou de vieillards.

L'Empereur avait traité le général Daumesnil en ami.

Il avait 3,000 fr. sur la cassette de l'Empereur; 2,000 sur la cassette de l'Impératrice Joséphine ; 4,000 de dotation en Hanovre ; 8,000 de dotation à Rome ; 18,000 d'une action des petites affiches ; 25,000 de traitement de général gouverneur de Vincennes. — Total, 62,000 fr.

Un jour, il perdit tout. Ce jour là, il remit à la France les millions qui lui avaient été confiés ; il remit le château de Vincennes, glorieux dépôt d'honneur national, qu'il n'avait voulu *ni rendre, ni vendre*. Il déposa aux mains du gouvernement les clefs de ce fort que n'avait pas souillé le drapeau de l'étranger. Pour toutes ces choses si belles, ceux qui gouvernaient l'envoyèrent à la retraite. Un commis liquida sa pension, comme toute autre. Tout calcul fait, le général Daumesnil eut peut-être quatre mille et quelques cents francs et des centimes.

Appuyé sur son bâton, cet homme, qui n'avait pas quarante ans, dont le corps était couvert de blessures, franchit le pont-levis de sa forteresse, et s'achemina, le front calme, couvert de sa capotte de Wagram, vers le modeste asile où s'était écoulé l'enfance de sa jeune femme.

Il n'avait pas de voiture pour le transporter, il n'avait pas de maison pour l'abriter ; mais il avait des cœurs pour l'aimer et toute la France pour l'estimer.

Le colonel Daumesnil avait épousé, au commencement de 1812, l'une des filles de M. Garat, gouverneur de la Banque de France.

Cette union fut couronnée du bonheur le plus complet. Les épreuves ne furent cependant pas épargnées à la jeune personne qui était la digne compagne du soldat. Des circonstances étrangères à ce récit firent disparaître la dot de la baronne Daumesnil, en même temps que les dotations militaires, les traitements et la faveur du général.

Pendant les quinze années de la Restauration, Daumesnil vécut dans une silencieuse obscurité. Ce temps de sa vie ne fut pas sans grandeur. L'élévation de son âme s'y montra chaque jour. Simple, bon, affectueux, plein de résignation, on ne le vit pas une seule fois mêler son nom aux discordes civiles. Parmi tant de colères et de vengeances, au milieu des haines et des calomnies, il resta calme, n'ayant au cœur que deux passions : l'amour de la famille et l'amour de la patrie. Peu à peu, cette attitude si digne et si forte lui conquirent l'estime et le respect universels. Il ne cherchait même pas, comme tant d'autres, à se draper dans le manteau de la pauvreté, et pourtant ce manteau était lourd à porter pour un homme tel que lui. Toute mise en scène lui répugnait à l'égal d'une mauvaise action. Il vivait sans haine et sans crainte, fièrement, faisant des vœux sincères pour le bonheur du pays, mais fidèle aux rangs des vaincus. S'il n'était pas l'ami du Gouvernement, il n'en était pas l'ennemi. Depuis longtemps, pour ne pas dire toujours, Daumesnil avait immolé ses intérêts à l'intérêt général. Il désirait donc sincèrement, dût-il mourir à la peine, voir la Restauration, qui nous avait coûté si cher, donner à la France une sage liberté et les richesses de la paix, en retour de tant de gloire, de tant de grandeur nationale, de tant de provinces perdues et de si nobles sentiments refoulés dans la conscience populaire.

Pendant ces quinze ans, Daumesnil, qui jusque-là avait été intrépide capitaine, se montra sous un jour nouveau : il fut homme de bien.

Il y avait alors, en France, à Paris surtout, une classe de militaires qui eut à supporter d'étranges rigueurs. Encore presque tous dans la force de l'âge, ils avaient donné à la France leur jeunesse. Pour elle ils versaient leur sang et portaient haut le drapeau national. Naguère encore, ils défendaient pied à pied le sol de la patrie.

La patrie leur devait estime, affection et reconnaissance. Ceux qui gouvernaient se montrèrent méfiants, et le souvenir du retour de l'île d'Elbe les rendit injustes. Ces officiers, en demi-solde, aigris par le malheur, s'isolèrent de la foule des heureux, et leurs légitimes regrets furent pris pour de coupables espérances. Le maréchal Gouvion Saint-Cyr, en 1818, et monseigneur le Dauphin, en 1823, tentèrent, avec succès, de généreux efforts pour ramener les nobles cœurs.

Nos modernes générations militaires ne sauraient se faire une idée de l'amertume qui envahissait l'âme des officiers de l'Empire restés fidèles à leurs glorieux souvenirs.

Ces officiers en demi-solde recherchaient Daumesnil qui, plus maltraité qu'un autre, leur semblait facile à exciter, surtout avec son ardent caractère, et le culte qu'il professait hautement pour Napoléon et pour l'Empire.

Résister à ces entraînements, dominer ces puissantes séductions ne furent pas les moindres mérites du général Daumesnil. Il fit tous ses efforts pour calmer les colères, et employa toute son influence à cicatriser les blessures saignantes de ses anciens compagnons d'armes. Aussi plus d'un caractère chancelant dut-il à Daumesnil le bonheur d'avoir résisté. D'après ses conseils, quelques-uns rentrèrent dans l'armée de la Restauration, y conquirent les grades les plus élevés, et aux jours des épreuves royales, ils furent, pour les Bourbons, les amis de la dernière heure.

Aux discours embrasés de ses compagnons d'infortune, Daumesnil n'opposait pas les raisons politiques, mais il disait : « Laissez passer l'orage ; ces hommes dont le pouvoir vous est odieux servent leur cause, comme nous avons servi la nôtre. Ils sont peut-être aussi honnêtes gens que nous; il faut plaindre leur égarement, et sourire de pitié lorsqu'ils nous nomment les *brigands de la Loire*. Le jour viendra où ce sera un titre d'honneur. Ayez patience, et laissez un peu de repos à la France, qui vient de tomber épuisée. »

Au nombre des amis les plus intimes de Daumesnil se trouvait le colonel Planzeaux, vieux grognard intraitable, qui reprochait à Daumesnil sa mansuétude pour quelques hommes du Gouvernement. Le général répondait au colonel : « Et qui vous dit qu'ils ne vous vaillent pas? Dieu seul voit le fond des cœurs ! »

D'anciens camarades de l'armée accompagnaient le général Daumesnil dans ses promenades, dirigées souvent vers le jardin des Tuileries. Les puissances du jour rencontraient l'officier retraité, toujours digne, toujours fort dans sa pauvreté. Chacun le saluait avec considération. Un jour de l'automne de 1824, M. de Clermont-Tonnerre, ministre de la guerre, aperçut Daumesnil assis sur un banc de bois. Le ministre, pair de France, s'approcha du général avec empressement et lui serra la main. Après quelques paroles d'estime, M. de

Clermont-Tonnerre dit au général Daumesnil que le Gouvernement serait heureux de lui être utile ou agréable. Neuf années s'étaient écoulées, et la France n'était plus oppressée par la présence de l'étranger.

Mais Daumesnil ne voulut rien accepter.

Lorsqu'il rentrait au logis et qu'autour de son modeste foyer il voyait ses petits enfants et la jeune mère qui luttait pour faire face à tout, le bon Daumesnil passait sa main sur son front, les embrassait, et allait aux vitres de la petite chambre battre une marche de tambour, et peut-être cacher une larme.

L'été, on le voyait sur les bords de la Seine suivre du regard les travailleurs dans les champs, les bateliers sur la rivière. Tous le saluaient, dans cette solitude, comme l'avait salué aux Tuileries le marquis de Clermont-Tonnerre.

D'instantes démarches furent tentées par des personnes bien chères pour obtenir qu'il consentît à rentrer au service. Rien n'eût été plus facile, car, dans la famille même de Daumesnil, à la table où il s'assit pendant quinze ans, se trouvaient des personnages qui jouissaient de la confiance du Gouvernement et d'un crédit bien mérité. On préparait les demandes, et Daumesnil n'aurait eu qu'à les signer. Tout fut inutile. Il ne formulait pas un refus comme en dictent les partis politiques ; sa raison ne luttait pas contre son intérêt ; son orgueil ne l'enchaînait nullement. Chez lui, tout venait du cœur, et il disait simplement : « Je ne puis pas servir ; j'ai toujours mon drapeau tricolore devant les yeux ; j'aime trop l'Empereur ; d'autres font bien de servir, mais moi, je ne puis. D'ailleurs, la France n'a pas de besoin de moi. »

VIII.

Le jour vint où la France eut besoin de Daumesnil.

Le château de Vincennes, en 1830, devenait un un poste difficile, honorable, périlleux, et le drapeau tricolore qui flottait sur le donjon appelait *la Jambe de Bois*.

Jusqu'alors Daumesnil avait montré la vertu guerrière et la vertu privée : il allait montrer la vertu civile. Après avoir été soldat et citoyen, il allait être magistrat, au milieu des tourmentes populaires.

Il apprit à la campagne la Révolution de juillet. Autour de lui quelques manifestations bruyantes pouvaient blesser les sympathies, ou augmenter les douleurs de personnes attachées à la maison de Bourbon. Par d'énergiques paroles sorties du cœur le général Daumesnil imposa silence, et fit respecter le malheur par ceux qui, la veille, respectaient le pouvoir. On le vit pas, comme tant d'autres, en ces jours, insulter les vaincus et flatter les vainqueurs. S'il fut heureux et fier de retrouver son vieux drapeau, il regretta de voir sur ses nobles couleurs des taches de sang français, le sang du soldat fidèle au serment.

A Vincennes, le général Daumesnil déploya un grand courage contre l'émeute, qu'il sut vaincre sans combat; il résista aux entraînements de la politique, et protégea de sa parole, de son épée, de sa popularité, les ministres malheureux d'un gouvernement qu'il n'avait pas aimé. On ne saura pas ce que cette âme simple renfermait de modération et de justice.

Jamais une pensée mauvaise n'avait effleuré sa vigoureuse nature. C'était de l'or coulé dans le bronze. Il ignorait l'existence de ces calculs mondains où la vertu même descend quelquefois, non pour tomber, mais pour chercher la vraie place du devoir. L'un des ministres prisonniers lui disait : « Dans les discussions politiques, le difficile n'est pas de faire son devoir, mais de bien connaître ce devoir. Il y faut de longues et profondes méditations : « Ma foi ! s'écria Daumesnil, je ne suis pas si habile ; mon devoir, c'est le cri de ma conscience. Je ne marche pas à sa suite, elle me pousse, et je vais droit mon chemin, sans souci du qu'en dira-t-on. »

Pendant que les ministres étaient à Vincennes sous sa protection, la femme de l'un d'eux venait chaque jour. On avertissait le prisonnier qui descendait de son donjon et voyait sa famille dans une salle basse.

Un jour, le général Daumesnil refuse au ministre l'autorisation de descendre ; il s'oppose en même temps à ce que l'épouse se rende auprès du prisonnier. L'éminent avocat chargé de la défense de l'ancien ministre se rend chez le gouverneur et lui exprime en termes amers la surprise et la douleur d'un homme malheureux qui, sans motifs, est privé des embrassements de sa famille.

Daumesnil se lève brusquement, et dit à l'avocat : « Suivez-moi, monsieur. » Tous deux marchent en silence vers le donjon qui renferme le prisonnier. L'escalier est désert. Le silence n'est interrompu que par des pas lourds, saccadés, et par le bruit d'une arme qui frappe le sol, ou d'une baïonnette qui grince dans sa douille.

L'avocat et le gouverneur montent toujours sans prononcer une parole. Ils arrivent au premier étage et s'arrêtent une seconde. L'avocat pâlit. Devant lui, agité, fiévreux, marche un garde national en sentinelle. Son fusil vient d'être chargé.

Cet homme est M. X..., condamné politique, flétri par une peine que nous n'avons pas à apprécier ici, mais dont le procès est un lamentable retentissement. M. X... accuse de ses malheurs, de ses hontes, le ministre qui est là haut et qui va descendre, seul, désarmé! La vengeance sera facile, glorieuse aux yeux de ceux qui demandent des têtes. C'est une haine qu'embrase le sang africain. L'avocat devine tout, comme Daumesnil avait tout deviné.

Arrivé devant la porte du ministre, l'avocat dit au gouverneur : « Ah! mon général, quel brave homme vous êtes! »

Profondément ému malgré son beau courage, le ministre appuya sa tête sur ses mains.

Lui qui avait été si puissant, songea-t-il, en cette minute solennelle, combien de vertus, ici-bas, restent sans récompense, et combien sont aveugles, souvent, les grands de ce monde!

Il faut le dire, pour l'honneur des ministres de

Charles X, Daumesnil fut apprécié par eux ; ils lui accordèrent une haute estime, et furent pour toujours ses amis.

Des lettres intimes, familières, dont aucune n'était destinée à la publicité, sont un témoignage des sentiments qu'eurent pour Daumesnil les anciens ministres de la royauté. Nous ne pouvons résister au désir de donner ici deux de ces lettres, que nous prenons au hasard au milieu de tant d'autres.

M. le comte de Peyronnet écrivait le 3 avril 1831 :

« Général,

« Il m'a été rapporté hier que vous gardiez encore quelque souvenir de moi, et que vous continuiez à prendre intérêt au malheur dont je suis frappé. Je vous remercie du fond du cœur de ces sentiments, car l'estime d'un homme de votre trempe est ce que je connais au monde de plus précieux et de plus flatteur. J'espère que ma famille, à qui je l'avais vivement recommandé, n'aura pas omis de vous témoigner sa reconnaissance et la mienne; mais il m'est fort agréable de vous en renouveler l'expression.

« Le séjour de Ham, quoique fort triste, est cependant un peu moins tumultueux et un peu plus favorable à l'étude que celui de Vincennes. C'est un avantage pour ceux qui aiment les livres et qui savent y trouver des distractions et des consolations. Mais tout cela n'efface point le regret que j'éprouve de n'être plus dans un lieu dont vous ayez le commandement.

« Agréez, général, l'assurance des sentiments les plus affectueux et du dévouement le plus absolu.

« De Peyronnet. »

Le comte de Guernon-Ranville lui adressait aussi de Ham, le 23 janvier 1831, la lettre suivante :

« Mon général,

« Je profite du retour de mon fils à Paris pour vous renouveler mon sincère remerciment des témoignages d'intérêt que vous m'avez donnés dans ces derniers temps.

« Je n'ai point d'espoir prochain d'une amélioration quelconque dans ma position ; mais, lorsque sera venu le moment de solliciter d'être rendu au grand air, fût-ce même sur le sol étranger, je n'oublierai pas vos bienveillantes promesses.

« Nous sommes, ici, à peu près aussi bien qu'on peut l'être dans les fers. Mais, malgré les bons procédés du brave commandant et tous les soins qu'il se donne pour adoucir notre captivité, je sens chaque jour plus vivement que la nature ne m'a pas fait pour vivre en cage, et qu'après tout, il vaudrait mieux être privé de l'existence que de la liberté. Mais, quoi ! on ne nous a pas laissé le choix, et ce que j'ai de mieux à faire est de me résigner le plus gaiement que possible, en conservant l'espoir qu'un jour de justice succédera à des mois d'aveugle irritation.

« On nous assurait dernièrement que vous étiez chargé

de je ne sais quelle inspection qui vous amènerait dans cette bicoque, que les bons Picards nomment sans rire un *château fort* ; vos anciens hôtes auraient été charmés d'une circonstance qui leur aurait procuré le plaisir de vous voir et de vous exprimer combien ils ont été profondément touchés de la loyauté et des égards avec lesquels vous avez rempli envers eux vos pénibles devoirs. Je n'ai pas besoin de vous assurer que personne, plus que moi, n'aurait apprécié cet avantage.

« Si l'hommage d'un pauvre prisonnier n'est pas entièrement indigne des dames, j'ose mettre le mien aux pieds des nobles châtelaines de Vincennes.

« Agréez, mon général, l'assurance de ma haute considération et de mon bien sincère attachement.

LE COMTE DE GUERNON-RANVILLE. »

IX

Tel était le baron Daumesnil.

Le grade de général de division fut, au commencement de 1851 sa dernière récompense.

Il mourut bientôt après, simple officier de la Légion d'honneur. Napoléon, un jour de bataille, lui avait donné cette croix d'or. Général de brigade depuis près de vingt ans, le corps cicatrisé de vingt-trois blessures, Daumesnil ne demandait rien, et nul ne s'avisait de penser à son mérite. Dix-neuf chevaux tués sous lui dans les combats valaient cependant bien un souvenir !

Ce vaillant soldat d'Égypte et d'Italie, qui sabrait si brillamment à Marengo, à Austerlitz, à Iéna, à Eylau, à Friedland, à Echmuhl et en Espagne, pour tomber à Wagram, ce superbe cavalier de l'Empire, avait une physionomie à part, difficile à peindre. Il possédait les qualités qui semblent s'exclure tant elles sont rares chez le même homme. Jamais magistrat ne fut plus intègre que Daumesnil, jamais époux ou père n'eut en son âme plus de tendresses, jamais religieux ne fut plus compatissant au malheur, jamais citoyen ne fut plus dévoué à la patrie, jamais esprit ne fut plus indépendant. Mais il était avec tout cela intrépide et joyeux cavalier, gai compagnon et soldat sans souci.

Tour à tour, et sans le savoir, il eut le cœur de l'héroïque Bayard et le cœur du bon Lafontaine.

A l'heure de la mort, il se montra chrétien, et son âme remonta vers Dieu comme remontaient celles des vieux croisés. Il put dire alors :

« Mon Dieu, je n'ai été sur la terre que le centenier de l'Évangile. »

LE CHEVALIER DE FEUQUEROLLE.

I

> Fleuve, mille batailles ont ravagé tes bords ; le carnage y a souvent amoncelé les cadavres. Où sont-ils aujourd'hui, ces guerriers fameux ? Ils sont oubliés, leur gloire passe, leurs tombeaux même ont disparu ; tes flots furent un moment teints de leur sang ; et bientôt, redevenus limpides, ils réfléchirent de nouveau dans leur cristal mobile les rayons dorés du soleil.
>
> (Lord Byron, *Child-Harold*, chant III.)

La bataille des Ramillies allait être livrée.

J'avais l'honneur de servir le Roi, dans la compagnie des gens d'armes de sa garde ; nous étions campés à quelques lieues de la Dyle, et nul de nous

---

Nota. Cette histoire est vraie. Elle se trouve dans les Mémoires du temps, et dans l'*Encyclopédie méthodique*, mais en quelques lignes seulement. Les papiers de la maison de Feuquerolle nous ont fourni les détails.

ne songeait à une action. Sur le soir de la veille de la Pentecôte, la maison du Roi reçut l'ordre de tenir les chevaux au piquet : alors seulement on put prévoir que l'ennemi n'était pas éloigné. Le lendemain, comme nous étions à la messe à la pointe du jour, nous entendîmes sonner le boute-selle. Je n'ai point oublié qu'à l'instant même où la trompette se fit entendre, le prêtre, tournant vers nous son visage pâle, éleva les mains au ciel et dit : « Le Seigneur soit avec vous ! »

Chacun courut à son cheval. Je l'avoue, les paroles du pasteur résonnèrent à mes oreilles pendant quelques instants. Les mouvements précipités que fit l'armée, les objets qui passaient et repassaient, l'approche de la bataille, le bruit de la mousqueterie, l'incertitude, un je ne sais quoi qui semble donner au jour plus de lumière et prolonger l'horizon au delà des rayons de la vue, tout me fit oublier le monde. Si l'ivresse morale existait dans toute l'acception du mot, je dirais que j'étais ivre de tête et de cœur. Ma force me semblait immense et mon sang circulait avec une rapidité inaccoutumée. La tête haute, j'excitais mon cheval, appelant mes compagnons et leur tenant de gais propos ; j'avais dix-neuf ans et voulais gagner mes éperons : oh ! que j'étais heureux !

Enfin, je le possédais donc ce jour fortuné du combat. Je voyais la bataille naître et prendre des proportions colossales. Je l'entendais gronder au loin ; elle se déployait sous mes yeux simple et sublime. Des arbres verts, de grandes plaines avec leurs buissons, des chaumières çà et là, et puis, au milieu de l'amphithéâtre, de longues colonnes d'infanterie, des escadrons serrés, des chariots, un bruit étrange de voix humaines mariées au choc métallique des instruments de guerre. J'étais étourdi de bonheur ; un instant, je me le rappelle, j'appuyai ma main sur mon front, et l'image de mon père m'apparut. Je vis aussi des formes fantastiques, ma fiancée, je crois ; la figure grave de mon père semblait me dire : *Sois homme d'honneur*, et dans le sourire mélancolique de la jeune fille il y avait de l'espérance et de la foi. Portant les yeux de l'épée que m'avait donnée mon père le capitaine sur l'écharpe brodée par Jeanne, et dont les nœuds flottaient à ses côtés, je dis tout bas : *Toujours digne de vous*.

Une halte que nous fîmes à Ramillies m'arracha au songe brillant que je caressais. L'armée se rangeait, et la maison du Roi prenait position lorsqu'elle fut brusquement attaquée par un gros de cavalerie ennemie.

Les gens d'armes de la garde soutinrent ce premier choc avec leur vigueur ordinaire. Mais force leur fut de céder au nombre. Les gardes du Roi commençaient à s'ébranler lorsqu'un escadron de ceux qui nous attaquaient abandonnant sa ligne, s'avança vers nous à grands pas. Les nôtres prirent la charge, l'ennemi fut taillé en pièces et repoussé jusqu'à la troisième ligne. Je vis un gendarme de mes amis percer de coups d'épée le capitaine qui conduisait les assaillants. Lorsque ce malheureux abandonna les rênes de son cheval et se laissa tomber en arrière, ses yeux se fixèrent sur moi, brillants d'un dernier éclair, sa bouche ensanglantée murmura des mots inintelligibles, et quand il tomba, le choc de son corps sur la terre me fit encore tourner les regards de son côté. Sa face se crispa, son bras s'étendit, et cet homme sembla nous jeter une malédiction. D'autres moribonds roulèrent bientôt sur lui, des chevaux trébuchèrent, et quand je repassai, haletant, enivré par la fumée, je ne vis du capitaine ennemi que la tête et la main. Ce fut une apparition plus prompte que la pensée ; mais elle est éternelle pour moi, et tant que je vivrai, dans le silence des nuits, cette tête et cette main me poursuivront et prendront place à mon chevet.

Il y avait un affreux mélange de morts et de mourants, d'hommes et de chevaux, de vêtements déchirés, d'armes abandonnées, de sang et de terre ; ce groupe où nul ne vivait avait vie cependant. Un bruit alternativement sourd ou aigre, mélange horrible de prières et de blasphèmes, s'élevait de ce monceau de cadavres. Mais au milieu du bloc sans formes, des lignes brillantes semblaient dessiner une tête et une main, les paupières étaient entrouvertes, et une larme de sang avait suivi les contours du nez pour s'arrêter aux angles de la bouche. On m'a dit qu'après mort violente, il en était souvent ainsi : les lèvres écartées laissaient voir des dents d'une éclatante blancheur. La chevelure humide était ramenée d'un seul côté du front ; sur ce front, des veines noires et gonflées faisaient saillie. La main convulsivement fermée pressait une lame d'épée ; l'opacité des yeux, la teinte violette des lèvres et les deux larmes de sang, je les vois encore, je les verrai toujours.

Il faudra beaucoup plus de temps pour lire ces lignes, qu'il ne m'en fallut pour sentir cette image horrible se graver en moi en traits ineffaçables. Le torrent de la bataille m'entraînait ; j'attaquais, je me défendais, je frappais, lorsqu'au moment de m'éloigner pour toujours de cette tête et de cette main, un flot m'y ramena, et alors il me sembla que les yeux s'ouvraient, que la tête remuait, que la main me montrait du doigt, enfin j'entendis ce mot : *malédiction!* Sans doute, c'était un autre mort qui tombait sur les morts; mais peut-être aussi était-ce le capitaine ennemi qui m'appelait.

Au plus fort de la mêlée, les chevau-légers de la garde du Roi et les mousquetaires firent des prodiges de valeur. Il s'établit une noble rivalité entre eux et les gens d'armes. Nous fûmes victorieux sur ce point; il nous en coûta le prince Maximilien, qui périt en homme de cœur. La retraite sonnait pour notre cavalerie, lorsque nous aperçûmes celle de l'ennemi qui se ralliait sur notre droite et recevait des renforts. Jaloux de l'enfoncer, nous prîmes la charge au grand trot, la cavalerie vint au-devant de nous le pistolet à la main, et nous tua beaucoup de monde. Le prince qui nous commandait fut blessé d'une balle à la cuisse; mais quelque considérable que fût la blessure, elle ne l'empêcha pas de nous encourager par son exemple. Je reçus dans la mêlée un coup de sabre sur la tête, et pour comble de malheur, il fallut franchir un marais presque impraticable. M. le marquis de Gouffier, pour animer les gens d'armes du Roi, s'y jeta des premiers et y périt. Dans ce marais, où je m'élançai, mon cheval fut presque englouti. Cependant il fit de tels efforts et je l'excitai si vigoureusement que je parvins à gagner un terrain solide. Je vis au loin nos étendards autour desquels il n'y avait qu'un petit nombre de nos camarades, la compagnie des gens d'armes ayant été presque entièrement détruite. Je résolus, à quelque prix que ce fût, de me réunir à ce qui restait de notre malheureuse troupe. Il fallait passer au travers de la cavalerie ennemie dispersée par pelotons. Je ne balançai point et pris ma course à toute bride, essuyant un feu bien nourri. Quelques cavaliers se détachèrent pour me poursuivre. Je les avais presque tous laissés en arrière et déjà j'apercevais mes camarades, lorsqu'un ennemi m'ayant joint, me tira à bout touchant, sans me donner le temps de lui faire face, un coup de pistolet qui m'emporta les deux yeux.

Je tombai : les autres m'environnèrent aussitôt ; et, quelque soldat reconnaissant mon habit, cria en jurant : « Il est de la maison du Roi, point de quartier, à mort, à mort ! » Un second coup de pistolet partit en même temps et me brisa le crâne. Tout étourdi que je fusse, je compris qu'il était à propos de ne donner aucun signe de vie. Les ca-

valiers m'ôtèrent mon habit, s'emparèrent de mon
argent et remontèrent à cheval. Je les entendis
fuir au galop. Peu d'instants après un feu d'infanterie me fit penser que l'armée s'étant ralliée, le
combat allait recommencer. Couché la face dans
la poussière, en proie à d'horribles douleurs, privé
de la vue, j'avais encore ce sentiment inné qui est
l'instinct de la conservation. Toutes mes facultés
se concentraient sur une seule pensée, c'était la
vie, je voulais vivre, vivre à tout prix. Hélas !
j'étais si jeune, et le soleil de mai m'avait souri
si délicieusement à mon entrée dans Ramillies.
Bientôt mes perceptions ne furent plus distinctes,
un bourdonnement déchira mes oreilles, des élancements m'arrachèrent des cris, ma bouche devint
sèche, je mordis la terre, je voulus me rouler ;
mais au moindre mouvement il me sembla que ma
tête se séparait de mon corps... Je m'évanouis.
Était-ce un rêve, était-ce le délire de la fièvre,
que cette apparition qui venait me torturer ? Oh !
de toutes mes souffrances ce fut la plus poignante.
La tête du capitaine ennemi se posa tout près de
la mienne, je sentis son souffle brûlant glisser
sur mes lèvres, ses yeux ternes et mats me gla-
cèrent d'épouvante, et sa main froide pressa la
mienne. Si je gémissais, il gémissait aussi, et quand

je tentais un effort désespéré pour m'éloigner de lui, sa large main toute sanglante m'étreignait horriblement. Combien de temps fus-je dominé par cette vision? Je ne sais : une minute, une heure, un siècle peut-être. Le bruit de la mousqueterie, de grands cris, des mouvements d'escadrons me rappelèrent à l'existence. Il était impossible que je ne fusse point foulé aux pieds, écrasé par cette multitude d'hommes et de chevaux qui passaient. Je ne dis que ces mots : *Oh! mon Dieu!*

J'ai appris depuis que c'était le régiment des gardes de Bavière, qui était venu au marais pour en écarter l'ennemi. Un combat sanglant s'engagea autour de moi, il dura longtemps. Peu à peu le bruit s'éloigna, et les coups de fusil, de plus en plus rares, s'éteignirent dans le lointain. Je n'ai point oublié la sensation douloureuse que j'éprouvais à chaque explosion. Ma tête, comme un écho, répétait les deux coups de pistolet qui m'avaient brisé le crâne.

Les combattants étaient à peine éloignés que j'entendis de tous côtés des plaintes et des cris, des paroles de désespoir et de lamentables prières. Les soupirs des mourants avaient quelque chose de sinistre qui m'était inconnu. Dans les villes, on entend rarement la plainte de l'homme, et cette plainte, quand elle vient aux lèvres, est adoucie par les soins de la famille ; mais sur le champ de bataille, abandonné de tous, jeté sur des cadavres, dans toute sa force, l'homme qui gémit offre un spectacle qu'on ne saurait imaginer. J'entendais les pas alourdis, la marche incertaine et les chutes de ceux qui se soulevaient : l'un d'eux tomba, se releva, retomba de nouveau à mes pieds, puis un long gémissement s'échappa de sa poitrine. J'écoutai longtemps, mais je n'entendis plus rien ; le malheureux était mort.

Après une lutte violente, j'étouffai mes douleurs et voulus fuir aussi. La force de mon tempérament et surtout ma jeunesse me vinrent en aide. Je me soulevai sur mes genoux, et, les bras étendus, j'interrogeai ce qui m'entourait. Enfin, j'essayai de faire quelques pas, mais chaque mouvement fut une chute. Mes pieds heurtaient sans cesse des corps ; je trébuchais et roulais dans la poussière ; quelquefois, mes douleurs devenaient si vives que je m'évanouissais ; mais à peine le sentiment de l'existence m'était-il rendu, que je tentais de nouveaux efforts pour me rattacher à la vie.

Le coassement des grenouilles me fit craindre d'abord le voisinage du marais où je me serais infailliblement noyé ; je m'arrêtai donc, le désespoir dans l'âme. La fraîcheur que je ressentis alors m'avertit que la nuit était venue. Dans quels tourments, dans quelles inquiétudes, dans quels mouvements d'impatience et de résignation la passai-je, et que n'eus-je point à souffrir ! Il vint je ne sais combien de paysans que je connus pour tels à leur langage ; je les appelai d'une voix lamentable et les conjurai de me secourir. Mes prières furent longtemps inutiles. Enfin quelques-uns s'approchèrent. Je leur exposai mon état, et les mains jointes, je les suppliai de me retirer du champ de bataille. Je leur promis qu'ils auraient tout lieu de se louer de ma reconnaissance ; je parlai de l'humanité, de l'or, de tout. Après m'avoir écouté assez tranquillement, ils me dépouillèrent, en disant qu'ils étaient touchés de ma situation ; mais que je n'en reviendrais pas. En s'éloignant ils m'exhortèrent à avoir confiance en Dieu. Les barbares parlaient de la justice de Dieu, et m'enlevaient jusqu'à mes vêtements trempés de sang.

Ces misérables, après m'avoir ainsi dévalisé, allèrent exercer la même cruauté sur d'autres, puis ils revinrent autour de moi pour s'assurer peut-être s'ils ne pourraient pas grossir leur butin. Quoiqu'ils eussent été sourds à mes prières, je leur en adressai de nouvelles. Au nom de leurs mères, de leurs enfants, de tout ce qu'ils avaient de cher au monde, je les priai de ne pas m'abandonner, d'avoir pitié d'un malheureux, et de me donner au moins quelque chose pour me couvrir. Je me levai même pour les aller trouver, et j'avais déjà fait quelques pas vers eux en me traînant sur les genoux et sur les mains, quand je sentis jeter sur moi un de ces sacs dont les cavaliers se servent pour porter l'avoine ; ensuite les paysans s'éloignèrent. Quelques instants après ils revinrent, et me dirent que si j'étais en état de les suivre ils me conduiraient à leur village qui n'était qu'à une lieue de là. Cette offre ranima mon courage. Je leur témoignai que je les suivrais avec joie pourvu qu'ils parlassent de temps en temps, afin de me guider à leur suite. Animé d'une force surnaturelle, je me levai aussitôt, pris mon sac et me mis à marcher. Les villageois me semblaient un moment presque attendris ; cependant ils poursuivaient leur chemin avec indifférence et sans s'occuper de moi. J'avais une si grande crainte de les perdre, que, faisant des efforts inouïs, je marchais sur leurs talons ou au milieu d'eux. Il est vrai que, quelquefois, les charges qu'ils portaient les obligeant à s'arrêter, je profitais de ces moments de repos pour prendre haleine. Mais, à la fin, ces haltes me furent funestes.

Une fois, au moment où je me couchais, je perdis tout à coup l'usage de mes sens et tombai dans un profond évanouissement. Sans doute, les paysans me croyant mort, m'abandonnèrent. Qu'on juge de mon désespoir, lorsqu'en revenant à moi je me trouvai seul. Les cris déchirants que je jetai se perdirent dans la plaine, et le silence le plus profond m'environna. En vérité, ma situation fut plus affreuse encore que sur le champ de bataille, mon espérance trompée et cette morne solitude portèrent en moi une douleur si profonde, que je ne sais comment elle ne brisa pas mon existence. J'ignorais même dans quel lieu je me trouvais. Si par hasard il était écarté des habitations, mon agonie allait être longue et terrible, les oiseaux de proie, les animaux carnassiers me déchireraient, ou bien la faim se ferait sentir, horrible et mortelle.

Pour la première fois mon cœur s'élança vers Dieu, avec cette confiance infinie du chrétien. Oh ! que je plains celui qui, voulant tout soumettre aux règles de la raison, condamne ces croyances qui rendent légères les peines de ce monde. A son heure suprême, s'il est seul, abandonné la nuit, sans vêtements, si sa tête est fracassée, si ses yeux ont quitté leur orbite, si toute l'existence pour lui est dans les mouvements de son âme, si les accidents de la nature ne peuvent même plus l'atteindre, si pour tout linceul il a les pierres du chemin... Il est bien malheureux, sans l'espérance d'une autre vie.

Je ne fis point de prière, ma bouche ne murmura aucun son, je ne demandai pas à mes souvenirs les mots de l'oraison dominicale, que balbutiait mon enfance sur les genoux d'une mère. Non, je ne priai point comme prient les hommes ; mais, après un rêve silencieux où tout ce qui me restait de puissance remonta vers le ciel, je dis seulement : *Mon Dieu, que votre volonté soit faite.*

Le vent de la nuit m'apporta des brises légères et embaumées. Les lentes pulsations de mon cœur expirant me semblèrent une céleste harmonie. Oh ! je n'appelai point les hommes alors, car, certain de mourir, la voix humaine ne me parut pas assez pure pour invoquer le Dieu qui pardonne au repentir et au malheur.

II

> Votre voix est suave et tendre,
> En votre prière j'ai foi,
> Je souffre, et Dieu peut vous entendre.....
> Quand vous priez, priez pour moi !
>
> GUSTAVE DROUINAU.

La nuit fut longue ; une pluie fine, abondante et froide tomba vers le matin. Dans les différentes chutes que j'avais faites, je n'avais heureusement pas abandonné mon sac. Je m'en servis pour me garantir. Il est vrai qu'en me soulageant d'un côté, il laissait l'autre livré à la souffrance ; lorsque je voulais en user comme d'une chemise, il m'ôtait la respiration ; et si je me repliais sur moi-même, j'éprouvais des élancements qui me faisaient jeter les hauts cris. Je pris enfin le parti de mettre ce sac tantôt sur une partie de mon corps, tantôt sur l'autre. Ainsi je passai la nuit. Mes mains touchaient une herbe assez épaisse et mouillée, ce qui me fit supposer que j'étais dans une prairie.

Le chant des oiseaux m'annonça le jour. Bientôt après, j'entendis les cloches qui sonnaient le pardon ; des voix confuses parvinrent aussi jusqu'à moi. Après mille efforts qui réveillèrent mes douleurs, je me levai. Debout, quoique chancelant, mon sac à la main, je faisais des signaux, et ma voix déjà affaiblie appelait au secours. Des villageois s'avancèrent, mais, saisis de frayeur à mon aspect, ils restèrent muets, puis ils s'éloignèrent. L'un d'eux dit en marchant : « Qu'il recommande son âme à Dieu, il n'a pas longtemps à vivre. » Mes gémissements les poursuivirent, je leur criai que j'avais encore force et courage, que mes blessures n'étaient pas mortelles, que je ne demandais que la charité d'être conduit aux premières maisons, ...et quand je voulus écouter leur réponse, un silence glacial m'apprit qu'ils étaient partis.

Je tombai d'épuisement et jamais souffrances n'égalèrent les miennes. La veille, à pareille heure, j'étais si heureux ! je courais à la bataille, ivre de joie, enivré par la gloire. L'ardeur de mon cheval égalait la mienne, et mon épée brillait des feux du soleil. Entouré de joyeux et bons compagnons, riche d'avenir comme un enfant de dix-neuf ans, je croyais que la vie ne devait point finir. Et maintenant, qu'était la vie pour moi ! Où était mon beau cheval qui hennissait à mon approche ? Et mon épée, présent de mon père, où était-elle ? Et l'écharpe de Jeanne ?..... O Jeanne, ma fiancée, je ne devais plus vous revoir, vous ne pourrez plus m'aimer..... Mon Dieu, mon Dieu, que je suis malheureux, m'écriai-je, et je tombai la face contre terre.

Nu, presque mort, abandonné des hommes, je ne sais comment je songeai aux biens de ce monde, à ces biens que je perdais et que j'avais à peine goûtés ; je me rappelai que l'année précédente, vers le mois d'août, un de mes camarades vit mourir celle qu'il aimait. Je fus admis dans la chambre où reposait le corps de la jeune femme. Belle encore, sa figure pâle recevait un éclat nouveau des vêtements blancs dont elle était entourée. Ses mains, croisées sur sa poitrine, reposaient sur un crucifix noir. Le drap léger qui la recouvrait, laissait deviner des formes d'une céleste pureté. A ses pieds, qui soulevaient le drap, un prêtre avait placé un bénitier et une branche verte de buis. Après avoir tristement considéré la morte, je pris la branche sainte et laissai tomber quelques gouttes d'eau bénite sur le sein de la jeune femme. Son ami, les bras pendants, l'œil sec, la tête basse, ne me dit que ces mots, d'une voix sombre : *Puissiez-vous ne jamais perdre ce que vous aimez !*

Et moi, je perdais tout aussi, la gloire, la fortune, l'avenir ; ma fiancée si belle ! Dites-moi donc pourquoi je voulais vivre !

Je passai de l'espérance au désespoir ; malgré tout, je voulais vivre. Les paysans venaient et s'enfuyaient, sourds à mes prières ; j'entendis sonner une seconde fois le pardon ; la fraîcheur m'avertit que le jour était fini. Qu'avais-je donc fait aux hommes pour qu'ils me laissassent ainsi mourir au milieu d'eux sans secours et sans pitié !

Vers le soir, je tentai un nouvel effort, et voulus marcher ; mais après quelques pas, je fus arrêté par les marécages. Je passai encore cette nuit. Mes souffrances devinrent tellement fortes, que je tombai dans une sorte d'insensibilité, d'où je ne fus tiré que par le froid du matin.

Pour la seconde fois, le son des cloches et le chant des oiseaux m'annoncèrent la venue du jour. Je me levai ; j'appelai, et bientôt après j'entendis les voix de quelques femmes. Je crus enfin toucher au terme de mes souffrances, mais ces femmes furent sans compassion ; après avoir jeté des cris confus, elles prirent la fuite.

Une idée, qui ne s'était pas emparée de moi jusqu'alors, m'apparut dans toute son horreur : je vis la mort ; non la mort probable qui m'avait un instant torturé sous l'image du capitaine; ni la mort du chrétien, dont le baume céleste s'était répandu sur mes plaies, ni la mort embellie par un regard d'amour ; mais une mort hideuse, semblable à celle du condamné qui, dans le cachot, attend l'heure du supplice. Je me mis à prier Dieu à haute voix, puis j'appelai ma mère.

Une soif ardente me dévorait. Je pensai que l'agonie commençait, et je me mis à genoux, pour faire le signe de la croix. « Comment, vous n'êtes pas encore mort? » dit une forte voix. « Allons, prenez courage; je vais chercher un cheval pour vous conduire au village. » C'était un des paysans qui avaient voulu me secourir l'avant-veille. Les accents de cet homme réveillèrent toutes mes espérances éteintes. Je me levai; cherchant des mains mon libérateur; je l'appelai. « Non, non, lui criai-je, n'allez point chercher de cheval ; il me reste assez de vigueur pour vous suivre; donnez-moi seulement votre bras. » Le pauvre paysan me prit la main, attendri sans doute par mon langage. Je me jetai à son cou, et le serrai très-étroitement, dans la crainte qu'il ne m'abandonnât. Devinant mes soupçons, il jura de son dévouement, et mit tant de vérité dans son langage, que je lui donnai toute ma confiance. A peine avais-je fait quelques pas, que je m'évanouis. Le bon paysan me porta sur ses épaules.

En reprenant l'usage de mes sens, je me trouvai dans un vieux château tout délabré, déjà plein de blessés qui étaient venus s'y réfugier. On avait allumé du feu au milieu des salles et mis autour des pierres pour nous asseoir. L'abandon et le dénûment dans lequel j'avais été, me firent trouver dans ce changement une douceur que je ne puis exprimer. Quelques personnes charitables vinrent nous visiter ; une femme, qui était de ce nombre, me présenta un bouillon fait avec du lait écrêmé, qui, dans un autre temps, m'aurait donné du dégoût, mais que je pris avec délices. J'étais resté trois jours entiers sans nourriture, et si n'avaient été les douleurs de ma tête et les angoisses de mon âme, la faim sans doute m'aurait déchiré les entrailles. Je reçus d'une autre femme un habit d'enfant, que je mis sur mes bras et sur ma poitrine. On me donna aussi un morceau de pain et un œuf. Vers le soir, quelqu'un me coucha sur la paille.

Lorsque j'essayai de manger, de nouvelles douleurs se firent sentir : il m'était impossible de remuer les mâchoires sans que leur mouvement n'irritât mes plaies. Je fus alors obligé de prendre d'une main la mâchoire inférieure et de l'écarter, tandis que de l'autre main je plaçais dans ma bouche ce que je voulais avaler.

Pendant les premières heures, le bruit fut grand dans cette salle : l'un gémissait, l'autre jetait des cris perçants ; quelques-uns blasphémaient ; il en était même qui se disputaient les secours, la paille ou le feu. Enfin, vers le milieu de la nuit, le calme se rétablit en apparence, et ce ne furent que de sourdes plaintes ou des causeries douloureuses. Chacun racontait sa blessure, et c'est un grand soulagement pour le malheureux que de pouvoir seulement dire les souffrances qu'il éprouve. J'avoue que ce fut une puissante consolation de me voir l'objet de la pitié de ces pauvres gens. Nous passâmes la nuit dans ces démonstrations réciproques; car il nous fut impossible de prendre aucun repos. Vers le matin, nous entendîmes dans la cour le roulement d'un chariot; c'était M. le comte de Saillans qui l'envoyait de Namur, pour transporter les blessés. Il y eut un horrible tumulte autour de moi : tous ceux qui pouvaient se traîner se précipitèrent pêle-mêle vers ce chariot. Je voulus m'attacher aux pas de mes voisins et courir avec eux ; mais ils ne songèrent nullement à moi, et je fus renversé par la foule. Un religieux qui accompagnait le chariot vint à mon secours, et m'exhorta à prendre patience ; il me promit que bientôt il viendrait d'autres voitures. Cependant je ne pus me résoudre à attendre. Je trépignai d'impatience ; je marchai au hasard ; je suppliai le religieux de me conduire au chariot. Il y consentit enfin, tout en m'assurant qu'il était encombré et hors d'état de se mouvoir. Je saisis le religieux par le manteau, en lui disant qu'il y aurait toujours assez de place pour moi, et que je ne gênerais personne. Avec une douceur digne de son état, le bon religieux me prit la main, et marcha devant moi. Sans le secours qu'il me donna, je me serais tué infailliblement en traversant un vieux pont-levis tout crevassé. Dès que ceux qui étaient dans le chariot m'aperçurent, ils se prirent à jurer en disant qu'ils n'étaient déjà que trop, que je n'avais qu'à m'en retourner, et qu'il n'y aurait jamais de place pour moi. Mon conducteur les apaisa, et leur promit que de la façon dont il me placerait, je ne les incommoderais pas. La charrette était pleine, en effet. On m'assit à l'extrémité, les jambes pendantes. Les chemins devant être difficiles, on m'attacha aux supports avec des cordes et des liens de paille. Je serrais dans mes bras mon sac de cavalier et le vêtement d'enfant qui m'avait été apporté la veille. C'était là tout ce que je possédais. Le religieux, après m'avoir aidé à monter, m'assujettit lui-même, et me donna quelques avis convenables à mon état et à sa profession.

On partit aussitôt. Les contre-coups des cahots me brisèrent la tête, et je souffris plus que je ne pourrai le dire. De temps en temps, quelqu'un de mes compagnons mourait, et son corps était jeté sur le chemin. Je le savais par le bruit de la chute, par les cris des autres, et encore par la place de chacun, qui devenait plus grande. En arrivant à Namur, nous étions trois de moins. A la porte de la ville, un nombre considérable de prêtres, de bourgeois et de pieuses femmes nous attendaient. Je leur parus le plus digne de leur compassion, et ils s'attachèrent avec soin à me rendre service. Je pris de leurs mains un biscuit trempé dans une liqueur spiritueuse. Un capucin me chargea sur ses épaules et me porta à l'hôpital.

Il me posa dans une salle. Quelqu'un vint me demander qui j'étais : je répondis à la question, et l'un de mes camarades, nommé Grand-Maison, m'ayant entendu, m'appela et me dit qu'il y avait un lit vide auprès du sien. Des hommes m'y déposèrent. Pauvre Grand-Maison ! quelles consolations ne me donna-t-il pas, et comme son silence était éloquent! Oh! mon âme traduisit le long serrement de main de mon camarade. Il était le premier de la compagnie que je rencontrais après la bataille ; entre nous, toutes questions étaient impossibles ; je le répète, Grand-Maison me pressa la main, et dans cette étreinte, il y avait des larmes et du sang; sans parler, Grand-Maison me disait : « Les gens d'armes du roi sont morts, et la France est vaincue ! »

Les chirurgiens, lorsqu'ils vinrent, furent effrayés de mes blessures ; je n'avais pas même figure d'homme, et personne ne put comprendre comment je vivais. Les aides se contentèrent de fomenter ma tête avec de l'eau-de-vie pour apaiser l'inflammation, et ils me promirent de me panser après avoir visité les autres malades. On me donna du linge et quelque nourriture. Bientôt je me sentis le cœur plus assuré, et comparant ma situation à ce qu'elle avait été, je me trouvai presque heureux.

Cependant la première nuit fut cruelle à passer. D'abord les chirurgiens m'avaient oublié, et mes douleurs semblaient augmenter ; puis je n'entendais plus parler de tous côtés que des bras ou des jambes qu'on avait coupés ou qu'on allait couper; les cris et les lamentations de ceux que l'on opérait me perçaient l'âme. Mon imagination alarmée me présentait sans cesse l'appareil effrayant qui causait toutes ces plaintes. Je croyais voir des corps sans bras, des bras sans corps. Des victimes, luttant contre les douleurs, prenaient dans mon esprit des formes palpables. Je les voyais acheter un reste de vie par le sacrifice d'une partie d'eux-mêmes, ou appelant, dans leur désespoir, la mort qui les abandonnait à leurs maux. Je me figurais voir la mort courant de toutes parts, la mort avec son nez camard, sa large bouche édentée qui semble rire, ses bras minces, ses longues mains, sa poitrine transparente, et ses jambes anguleuses. Je me figurais qu'elle était là, dans l'hôpital, à sauter capricieusement de lit en lit, franchissant celui-ci, s'abattant sur celui-là, grimaçant au chevet de cet autre, et se retournant brusquement pour frapper le voisin.

Mon délire en était à ce point lorsqu'un objet se posa sur ma poitrine ; je jetai un cri de frayeur, c'était le chirurgien qui venait me panser. Plus tard, quand je dis au pauvre Grand-Maison la cause de ma terreur, il reprit en riant que je ne m'étais guère trompé. Le caractère insouciant du gendarme étouffait les douleurs du blessé.

Cependant la peur s'empara de moi, et je résolus, à quelque prix que ce fût, de sortir de cet hôpital. Le nom seul d'hôpital fait mal à prononcer. Habitué au luxe de la vie, l'hôpital m'était toujours apparu délabré, malpropre, déguenillé, avec son peuple de mendiants, de vieilles femmes hideuses et d'enfants jaunes et souffreteux. L'hôpital m'avait fait horreur dès mon entrée dans la carrière des armes. On m'avait parlé de sépultures sans linceuls, d'amphithéâtres où s'arrêtaient tous les corps et d'où la science les jetait à la terre, mutilés et en lambeaux. On m'avait dit que pour ceux qui mouraient à l'hôpital il n'y avait pas un cimetière, et que la nuit d'infâmes voleurs traînaient au loin les restes du chrétien. A l'hospice on n'a point même de nom, et lorsque j'entendis un chirurgien m'appeler numéro 13, je voulus me soustraire à l'hôpital.

Deux de mes camarades vinrent voir Grand-Maison et lui dirent qu'ils avaient appris que j'étais blessé à mort. Sans doute Grand-Maison leur fit un signe, car ils s'approchèrent de moi, et après quelques instants de silence, l'un d'eux, m'adressant la parole : « Courage, pauvre Feuquerolles, ce ne sera rien, » dit-il. « — Oh ! mes amis, repartis-je, je suis aveugle et je périrai si vous ne m'aidez à sortir de cet hôpital. J'ai eu autrefois une hôtesse dans cette ville, peut-être ne m'aura-t-elle pas oublié. Allez la trouver de ma part, exposez-lui ma situation, et faites en sorte qu'elle me retire chez elle. » Cette commission fut acceptée de tout cœur, et mes camarades s'en acquittèrent si bien que cette bonne dame, ne pouvant venir elle-même, m'envoya son fils, qui m'offrit, non-seulement une chambre, mais encore tous les soins de la famille. Sans adresser de remercîments à ce jeune homme, je me jetai hors du lit, saisis par le bras le fils de mon hôtesse, et le priai de me conduire chez lui à l'instant même. « Modérez votre empressement, s'écria-t-il; une telle sortie pourrait avoir des suites fâcheuses ; j'ai eu soin de m'assurer d'un carrosse qui doit venir vous prendre ; couchez-vous et demeurez tranquille en l'attendant. — Que j'attende ? lui répondis-je, oh ! non, dans l'extrémité où je suis, tant de ménagements sont superflus. Non, non, donnez-moi seulement votre bras, et laissez-moi vous suivre, ce me sera assez de douceur. » Le jeune homme s'opposa à ma précipitation. Le carrosse vint, et je fus conduit à mon nouveau logis, après avoir pressé sur ma poitrine la tête de ce pauvre Grand-Maison, que je ne devais plus retrouver en cette vie.

Je demandai d'abord un chirurgien dont on connût l'expérience et l'habileté. Mon hôtesse m'en donna un, et me mit entre ses mains. Il examina ma blessure avec attention, après quoi, l'ayant tirée à l'écart, il dit à madame *** qu'il n'osait entreprendre de me guérir; que mes plaies ayant été entièrement négligées pendant quatre jours, il croyait mon état entièrement désespéré; .....que je m'étais soutenu par le feu d'une première jeunesse et par la force d'un tempérament vigoureux; mais que je succomberais à la deuxième ou troisième opération; .....que ce serait un crime de me faire souffrir des douleurs inutiles, et que si, malgré tout cela, elle persistait à entreprendre un traitement, il lui serait agréable qu'on fît appeler un autre chirurgien. Loin de se rebuter, ma bonne hôtesse redoubla d'efforts; elle pria, gronda, s'emporta et fit tant, que le médecin se laissa aller et promit de ne me point abandonner. Mais il ajouta que sa complaisance l'engageait dans un pas dont il se tirerait sans honneur. Madame *** envoya aussitôt chercher M. Petit, médecin fort habile, que la cour avait dépêché à Namur, et que j'avais connu autrefois. Dès qu'il fut arrivé, le chirurgien se mit en devoir de m'opérer. Ils furent longtemps l'un et l'autre à comprendre quel avait été le trajet de la balle; cependant, à force d'examiner, et sur les éclaircissements que je leur donnai, ils connurent qu'entrée par le coin de l'œil droit à côté de la tempe, elle était passée par-dessus le nez, dont elle avait brisé tous les cartilages, et sortie par l'angle temporal de l'autre œil, après avoir cassé l'os de la joue. Quant aux blessures de ma tête, il fut reconnu que la table du crâne était toute fracassée. Les médecins mirent un premier appareil.

J'éprouvai alors d'étonnantes souffrances, et la fièvre devint si violente, qu'on ne douta plus que le chirurgien n'eût eu raison dans les difficultés qu'il avait faites. Toutefois, pour ne rien négliger de ce qui pouvait prolonger ma vie (car il n'était question que de cela), il y eut une consultation dont le résultat fut qu'on me saignerait à tout hasard. Quelques heures après, on me donna un julep que je demandai moi-même, ce qui me fit si bien dormir, que je passai douze heures entières dans un profond sommeil. Ceux qui me gardaient me voyant rester un aussi long temps sans donner aucun signe de vie, me crurent mort et s'approchèrent de mon chevet. Le bruit m'éveilla, sans quoi, peut-être, j'aurais dormi plus longtemps.

Mon chirurgien arriva sur ces entrefaites. Extrêmement surpris de mon sommeil paisible et long, il ne put cacher son étonnement quand il vit que la fièvre m'avait quitté et que les plaies étaient en très-bon état. Alors, pour la première fois, il donna l'assurance d'une guérison. Mon bonheur fut au-dessus de tout ce que je puis dire, tant il est vrai que la vie a toujours de profondes racines au cœur de l'homme. Semblable au voyageur qui, dans le port, songe aux orages, je reportai mes regards en arrière. Je comparai la mollesse du lit où j'étais couché avec le sol ensanglanté du champ de bataille ; l'affection et l'empressement de mes hôtes avec la cruauté des paysans qui m'avaient abandonné ; la douceur de la société de madame ***, avec l'inquiétude et l'ennui mortel de la solitude ; le repos et la paix, avec le tumulte et le bruit. Je fis servir, en un mot, le passé à rendre le présent plus supportable.

J'ai hésité à parler de la maison de mon hôtesse, parce que je sais combien elle redoute les regards indiscrets, et quel est son amour pour l'obscurité.

Cependant, bonne hôtesse, permettez à mes souvenirs de se reposer un instant dans l'asile que vous m'aviez donné. Vous vous le rappelez sans doute, c'était la chambre de votre fils, embaumée par les brises qui passaient sur les fleurs de votre jardin. Le jour où l'on m'apporta chez vous, votre fille était malade, et chacun prit soin de lui cacher qu'un officier blessé gisait à quelques pas d'elle. Mais deux jours après, elle vint, la pauvre enfant, et j'entendis sa voix. On me dit qu'elle était belle, bien belle ; je sais qu'elle était bonne comme un ange. Vous souvient-il, madame, de nos causeries ; et malgré ma blessure, de nos jours de bonheur ? Votre fille, avec son aimable caractère, me faisait oublier tous mes maux.

Une fois, Marie et vous étiez auprès de mon lit, occupées d'ouvrages à l'aiguille ; je ne sais quel accès de gaieté nous prit ; mais dans un brusque mouvement de la jeune fille, les boucles de ses cheveux glissèrent sur ma main. Oh ! madame, cela fit bien mal au blessé.

Une autre fois, on m'avait transporté dans votre salon sur une chaise longue, et j'assistais au déjeuner de la mère et de la fille, comme si moi, infortuné, j'eusse été le frère de Marie.....

Et puis vint l'heure du départ : je n'ai point oublié, madame, les mille détails de cet instant solennel pour moi, ces linges que vous me donniez, ce flacon de sels que vous m'abandonniez et que je conserve comme une relique sainte. Marie me permit d'effleurer son front de mes lèvres. Remerciez votre enfant pour le pauvre gendarme.

Madame, croyez que les souvenirs de l'officier sont éternels, et que la reconnaissance du soldat mutilé ne s'éteindra qu'avec sa vie.

III

> René marchait en silence entre le missionnaire, qui priait Dieu, et le Sachem aveugle, qui cherchait sa route..... Il périt peu de temps après.
> On montre encore un rocher où il allait s'asseoir au soleil couchant.
> CHATEAUBRIAND.

Lorsque je vais commencer ce dernier récit de mes malheurs, je ne trouve en moi ni force ni courage. Les mots semblent me fuir, et ma pensée cherche en vain des expressions pour traduire ce qui est dans mon cœur.

Pour moi plus d'illusions sur la terre, plus de sourires, plus de larmes, plus d'amours. Mes journées sont lourdes et lentes, et je n'inspire que le sentiment de la pitié.

Quand le vieux serviteur de mon père a jeté sur mes épaules le vêtement qui me couvre, lorsqu'il a caché ma tête sous un voile noir, lorsqu'il m'a placé dans le fauteuil où je mourrai, la journée commence.

La main pieuse de ma mère est impuissante pour soutenir mes pas chancelants, et quand l'infortunée parle, je devine des larmes dans sa voix. La pauvre femme a perdu son fils, ce fils brillant qui faisait son orgueil. Le fantôme qu'elle berce n'est pour elle qu'un sujet de pleurs, et c'est une lente agonie que la vie de notre foyer. Je reste des journées entières sans proférer une parole ; toujours j'ai froid et je tremble. Mon corps amaigri ne connaît plus le flux et le reflux du sang, et c'est en vain que les rayons du soleil inondent mon front et mes paupières.

Je n'ai pas vingt ans, et naguère j'étais un brave cavalier, fougueux comme le coursier qui s'emporte dans la plaine à travers les genêts.

Avant de partir pour l'armée, le bonheur me semblait éternel : je parcourais les grandes forêts. L'hiver, je m'arrêtais au feu de broussailles que le pâtre allume dans les bruyères. Le visage beau de jeunesse, je marchais tout le jour, poursuivant le gibier. Le vent soufflait dans ma chevelure, et mes pas dévoraient montagnes et vallons. Le soir, quand je rentrais au logis, j'égayais de ma gaieté ceux qui m'avaient attendu avec inquiétude, et qui me grondaient doucement de mes courses aventureuses.

Quelquefois aussi, mon existence me semblait incomplète, ma force physique m'abandonnait tout à coup, et je tombais en de singulières rêveries, douces et poignantes en même temps. Une lave brûlante semblait courir dans mes veines ; mon cerveau enfantait des formes idéales. Dans les nuages je voyais de colossales figures, des draperies merveilleuses, et le vent d'automne qui sifflait dans les bouleaux avait un langage pour moi.

Aujourd'hui que j'entends la pluie tomber par torrents sur les vitres de ma fenêtre, je me rappelle combien la tristesse de la nature avait d'empire sur mon âme. Mais j'ai perdu pour toujours mes grises journées de novembre et mes tièdes ombrages d'août. Je ne suivrai plus des yeux les oiseaux voyageurs qui passent au ciel. Oh ! que j'aimais ces bandes vagabondes qui avaient traversé des mers, des royaumes, des lacs ; qui s'arrêtaient un instant sur les flèches d'une cathédrale d'Europe, après s'être balancées sur les mâts d'un navire inconnu ! Que de fois n'ai-je pas écouté le cri des hirondelles agiles qui s'appelaient et se répondaient ! Que de fois, en foulant l'herbe humide de rosée, lorsque l'aube allait paraître, ne me suis-je pas arrêté tout ému du spectacle sublime d'un soleil levant ! Et l'hiver, le soir je devenais pensif au bruit monotome du grillon qui dans l'âtre chantait en s'ébattant. Au sentier solitaire, une feuille, qui tournoyait emportée par le vent, me faisait songer des heures entières. Le torrent qui roulait sur les cailloux m'arrêtait, et les yeux fixés sur l'écume, j'oubliais les choses de la vie. J'aimais les marguerites et les pervenches, les aubépines et les acacias. Ce que j'aimais surtout, c'était le saule de la prairie. Le saule a quelque chose de triste et de mystérieux ; ses longues feuilles ressemblent à des larmes qui tombent du ciel. Le saule est l'arbre des confidences, des serments et des adieux. De tous les arbres, c'est celui que je préférais. J'aimais aussi les bluets qui donnent un air de fête au sillon où le blé roule comme la vague. Devant une alouette et un bluet je demeurais pensif des heures entières.

Dans les champs, après la chute du jour, j'ai entendu souvent d'admirables mélodies. J'ai vu dans l'ombre des fantômes blancs d'une angélique pureté, glisser et disparaître. J'ai contemplé les horizons sans fin ; j'ai vécu d'une existence délicieuse de poésie. Mais la balle d'un pistolet a brisé le prisme qui me prêtait de sublimes couleurs.

Lorsque parfois j'entends à mes côtés le frôlement d'une robe, tout mon être s'émeut, et l'air que je respire oppresse ma poitrine. Je devine la présence d'une jeune femme. Objet de pitié pour elle, objet d'horreur peut-être, je dévore le mal qui me vient au cœur, j'étouffe le cri prêt à m'échapper, et j'enfonce mes ongles dans les chairs de mon sein. Je n'ai pas vingt ans, mon Dieu !

Il y a un an, ma fiancée me rendait si heureux ! et maintenant ce souvenir me fait mal jusqu'à briser mon corps. Maintenant j'ai perdu les songes d'or de ma jeunesse, les extases délirantes où se plongeait ma vie. J'ai tout perdu, le parfum des fleurs et la saveur des espérances, la magie du regard et la volupté des larmes. Un nom chéri ne brûle plus mes lèvres. Je suis mort, mort à la gloire, mort à l'amour, à la patrie, à la guerre ; mort à tout ce qu'on aime ici-bas.

Jeanne, ma fiancée, pleure sur elle et sur moi, dans le cloître où s'ensevelit sa vie.

On me dit un jour qu'il fallait de la gloire pour obtenir la main de Jeanne. Je partis alors pour la guerre ; mais avant de m'éloigner de la jeune fille, je la vis chaque jour. Elle s'asseyait dans l'embrasure d'une fenêtre, et travaillait. Placé à côté d'elle, silencieux, ou causant de choses indifférentes, j'avais de célestes ravissements. Cacher à tous les yeux le bonheur qui inondait mon être, le cacher à Jeanne elle-même, était le souci de ma vie. Tour à tour mélancolique et rieuse, simple ou d'une coquetterie mutine, elle me dominait, et mon âme obéissait à la sienne. Il me semble encore la voir près de moi, la tête penchée en avant et le buste courbé sur sa tapisserie. Les anneaux de sa longue chevelure se balançaient, et sur ses joues de beaux cils dessinaient une ombre mobile. Je ne sais si elle était jolie, tant sa physionomie faisait oublier les traits de son visage. Nous étions bien heureux.

Mais j'ai hâte de terminer ce récit de mes souffrances, et quand je vous aurai tout raconté, j'attendrai la mort ; car ce qui m'a soutenu jusqu'à ce jour, c'est le besoin que j'éprouvais de vous apprendre combien est cruelle parfois la mission du guerrier. Dans les villes, souvent, lorsque le son des cloches se mariait au bruit majestueux du canon, lorsque les prêtres, entourés de fidèles, faisaient résonner les voûtes des temples du *Te Deum* de la victoire, les jeunes hommes songeaient avec bonheur à cette chose qu'on appelle *la gloire*. Les mères et les épouses se sentaient au cœur des battements pour les soldats ; les vieillards, découvrant leur front chauve, saluaient avec respect les jeunes soldats du roi. Chacun était fier des guerriers, parce que la gloire des guerriers était la gloire de tous. Mais vous, hommes des champs, habitants des villes, heureux enfants de la fortune, laborieux artisans, vous ne saviez pas que ces cloches et ces canons, ces *Te Deum* et ces fêtes pompeuses, couvraient les cris de désespoir des gens d'armes mutilés. Je vous le dis, afin que vous ayez pour nous, soldats, plus d'estime et plus d'amour que vous n'en avez eu jusqu'à ce jour.

Heureux du monde, vos yeux ne verront-ils jamais, sous les trophées et les drapeaux conquis, les larges taches de sang de ceux qui sont morts pour leur pays!

Oh! c'est une belle chose que la gloire, brillante et pure comme le diamant; mais, comme le diamant aussi, c'est dans les mines souterraines, où l'ouvrier travaille nuit et jour, qu'il faut l'aller chercher. Si dans les pompes d'une cour un diamant brille au front du monarque, les peuples sont éblouis de ses feux; mais les peuples savent-ils combien de mineurs sont morts à la peine dans les gouffres du Brésil ou de Golconde? La faible lueur d'une torche a seule éclairé les travaux du mineur; ses larmes sont tombées sur le sable qui roulait éternellement à ses pieds; son dos s'est courbé avant l'âge; ses yeux se sont fermés à la lumière du soleil; ses mains n'ont pu remuer que le fer ou la terre; ses oreilles ont oublié les accents de la voix humaine, et pour lui, mineur, il n'y a eu ni chants d'oiseaux, ni fêtes de famille, ni caresses brûlantes : sa vie tout entière appartenait à ce diamant fugitif, et pour ce diamant il a donné femmes, richesses, santé, bonheur et liberté.

Le soldat est ce mineur, la gloire est ce diamant.

Oh! pauvre aveugle que je suis, je me laisse aller à vous parler sans cesse de choses étrangères à ma blessure. Vous me pardonnerez, n'est-ce pas, vous madame, qui que vous soyez? car j'oublie, en dictant ces lignes, que je suis malheureux et que je souffre.

Un jour, je me promenais avec Jeanne, — il y à peine un an de cela, — et je sentais son cœur près de mon bras. Nous marchions en silence, tous deux tristes et pensifs. « N'allez pas à la guerre, me dit la jeune fille, restez auprès de nous. L'amitié vaut bien la gloire; nous vous entourerons de soins et d'amour; nous vous verrons à chaque heure : le présent, l'avenir, les peines, les joies, la vie, seront à nous. Oh! ne partez pas, restez auprès de votre fiancée; le ciel nous protégera si nous sommes ensemble. » — « Jeanne, lui dis-je, il faut de la gloire, il faut des souvenirs pour nos vieux ans. Je veux être quelque chose ici-bas, pour qu'un reflet brillant rejaillisse sur vous. Je veux des souvenirs doux, lointains, parsemés de fleurs et d'azur. Jeanne, vous me lisiez hier au soir dans un livre nouveau que le souvenir est un ange toujours beau, toujours jeune, aux ailes toujours ouvertes sur nous, qui nous suit pas à pas, purifie l'air que nous avons respiré, et nous sourit chaque fois que nous portons nos regards en arrière. Eh bien! cet ange, mon enfant, il faut qu'il plane sur notre tête. Nous sommes bien heureux aujourd'hui, mais nous le serons bien davantage lorsque, revenant de la guerre, j'aurai laissé au seuil de votre chambre mes sandales de pèlerin et ma cuirasse de gendarme. Je serai capitaine et chevalier de Saint-Louis, colonel peut-être, et honoré dans les armées de France. Je vous aimerai, Jeanne, je vous aimerai, car aux lointains pays je n'aurai pas rencontré une âme comme la vôtre... »

(Un évanouissement subit, suivi d'une longue et cruelle maladie, a interrompu le récit de l'officier blessé. Ce n'est qu'après une attente de deux mois que celui qui a écrit sous sa dictée a cru pouvoir rappeler au chevalier que son histoire n'était point terminée.) Un soir, Fcuquerolles reprit ainsi :

..... J'étais donc à Namur chez ma bonne hôtesse. Je songeais à rentrer en France ; mais avant de partir, j'éprouvai une grande joie. Mon père, dont j'étais fort en peine, m'envoya un de ses domestiques, qui me remit de sa part une lettre. Après m'avoir donné tous les témoignages de tendresse, mon père m'apprenait qu'un de mes oncles, porte-étendard de notre compagnie, ayant eu son cheval tué sous lui, avait été blessé et fait prisonnier de guerre à Ramillies même. Pour ce qui le regardait personnellement, mon père s'était vu obligé d'abandonner Bruges pour se jeter dans Ostende, que les ennemis tenaient investi, et dont ils se préparaient à faire le siége. Mon père ajoutait qu'il lui serait impossible à l'avenir de me donner de ses nouvelles et de recevoir des miennes, et qu'ainsi il était inutile que je lui écrivisse qu'il ne m'eût prévenu.

Ma première sortie fut pour aller rendre grâce à Dieu du miracle qu'il avait fait en ma faveur. On me conduisit à l'église, et je m'agenouillai pieusement dans l'angle d'une chapelle. Après un recueillement saint et douloureux, je dis adieu aux choses de là terre. Un soupir s'échappa de ma poitrine, et j'acceptai, les mains jointes, la vie contemplative et solitaire qui commençait pour moi sous la voûte du temple.

Le lendemain je remerciai M. le comte de Saillans, dont l'intérêt avait été jusqu'à m'offrir sa bourse, sa table et sa maison. Je partis peu de jours après sous la conduite de deux amis qui me firent voyager à petites journées.

En traversant Arras, où nous nous arrêtâmes, des officiers qui passaient nous visitèrent. Ils venaient de la Flandre occidentale, et rapportaient force nouvelles de la guerre. L'un d'eux, parmi les récits qu'il faisait, raconta qu'un officier français commandant un poste très-exposé au feu des ennemis, avait reçu dans le côté l'éclat d'une bombine; que, renversé par le coup, il avait cependant refusé de se retirer, aimant mieux périr les armes à la main qu'abandonner son poste; qu'alors une balle lui avait brisé la hanche droite; que, transporté à Niewport, il était mort sur-le-champ.

Nous demandâmes quel était ce brave officier, et je tombai à la renverse en entendant prononcer le nom de mon père. Longtemps on douta de ma vie, et je n'essayerai même pas de vous peindre mon désespoir. Il est des maux tellement poignants, que les langues humaines n'ont pas d'images possibles pour les peindre. Je crois que c'est dans la faiblesse même de tout mon être qu'il faut chercher l'explication de ma vie. Abattu par la douleur, je ne soutins même pas les luttes qui usent et font mourir ; je pliai comme le roseau, et souvent même je cessai de penser. Toujours au lit, mes journées s'écoulaient sans que mon esprit suivît la marche du temps, sourd aux paroles caressantes, immobile et muet.

Une fois, — c'était à la fin de notre pénible voyage, — mes deux compagnons m'annoncèrent qu'ils apercevaient les tourelles du vieux manoir qu'habitait ma mère. Mon visage se décolora subitement, mes mains devinrent froides, mon cœur battit violemment, et ma tête s'abaissa. Il y eut un silence solennel autour de moi, et le bruit seul des roues sur le chemin m'avertit que j'avançais. Ce bruit cessant tout à coup, je sentis le carrosse rouler sur le sable fin de l'avenue. Je devinai que nous étions sous l'antique dôme de marronniers, et je tremblai de tous mes membres, et mes dents se serrèrent et mon corps se courba davantage. On s'arrêta. Quelqu'un me saisit et me posa à terre. Je marchai foulant l'herbe..... Là, jadis mon père m'attendait.....

Une porte s'ouvrit brusquement, un corps s'élança, une poitrine pressa ma poitrine, des bras m'embrassèrent avec violence ; j'entendis des sanglots étouffés, des larmes inondèrent mes lèvres, et ces mots tombèrent sur mon cœur : « Oh ! mon enfant, mon enfant ! » — C'était ma mère.....

Parents et amis assemblés pour m'attendre, se retirèrent dans une chambre voisine et cachèrent leurs pleurs. Ma mère seule resta, tomba sur un siége, m'entraînant avec elle, et moi je m'affaissai à ses pieds la tête sur ses genoux.....

— Mon père ? m'écriai-je.....

— La gloire, — dit ma mère lentement, — la gloire, — oh ! mon fils, — que nous la payons cher !

Deux ans après,

Ma mère n'a pu résister. J'entends la cloche qui sonne sa mort..... Seigneur, mon Dieu, daignez prendre mon âme..... ne me repoussez pas ; je ne suis plus qu'à vous !

LE

SERGENT DENYS BATTIN

DES GRENADIERS DU RÉGIMENT DAUPHIN.

Nous venions de lire ces portraits littéraires où la critique nous montre avec quelle habileté celui-ci manie la métaphore ou l'antithèse, avec quel succès celui-là, artiste ou poëte, fredonne des variations sur la grande musique de Phidias ou de Mozart, d'Horace ou de Racine.

Êtes-vous bien certain, ami lecteur, que ces artistes, ces poëtes, ces écrivains, soient tous dignes de figurer dans la galerie de portraits dont vous ornez votre maison ?

Examinez-les de près.

Trouvez-vous souvent la richesse de Tite Live, la concision de Tacite, la naïveté de Plutarque, la simplicité de Suétone, la majesté de Bossuet, la profondeur de Montesquieu, l'esprit de Voltaire, la tendresse de Rousseau, les charmes de Racine, la noblesse de Corneille, la verve de Mirabeau, la malice de Beaumarchais, la mélancolie de Chateaubriand, la bonhomie de La Fontaine ou la vérité de Molière ?

Je ne sais ; mais je cherche vainement cette vieille langue française du XVIIe siècle.

Pourquoi donc tant de portraits littéraires ? Pourquoi, au lieu des leçons du bien dire, nous montrer les ardeurs impuissantes et les visions de la jeunesse ; les regrets de l'âge mûr et l'expiation d'une vieillesse anticipée ?

Ces destinées jetées au vent, ces esprits avilis, ces forces mises au service de la vanité, que vaudront-elles à l'heure où chacun de nous rendra ses comptes ?

Alors, Dieu pèse de sa main les grains épars, qui sont la vie de l'homme. Le génie de Newton et l'honnête labeur du paysan sont mesurés dans les mêmes balances.

Tant de portraits littéraires, tracés dans cent volumes, nous amenaient à ces réflexions. Nous nous demandions si notre consigne, ici-bas, est de songer ou de travailler ! de discuter ou d'agir ?

Faust méditant sur le texte sacré s'écrie : Au commencement était *la parole*..... est-ce bien cela ?

— Non, lisons *l'intelligence*, qui fait et produit tout. Il faudrait lire *la force*..... non..... je me sens éclairé et j'écris avec confiance *l'action*.

Rien de mieux que *l'action*, elle fait l'homme utile ; si à l'action se joint l'intelligence, c'est un grand bien.

Ces pensées me conduisirent insensiblement à chercher dans ma mémoire le nom d'un homme d'action, et de le comparer au poëte Henri Murger, dont le portrait brillait sous mes yeux.

Denys Battin se présenta.

Était-il intelligent? Je l'ignore. Était-il savant? Denys savait son métier, et rien de plus. Bon paysan d'abord, bon soldat ensuite, bon chrétien toujours, il nous apparaît avec une auréole de poésie simple, mais parfaitement vraie.

Il était né en 1723 dans une chaumière du Jura. Son père cultivait son champ. Denys Battin le cultiva lui-même jusqu'à l'âge de vingt ans.

Un jour les recruteurs du Roi lui firent apposer sa signature au bas d'un imprimé dont il n'avait pas lu le premier mot. Le lendemain Denys était dans les prisons de S. M. pour avoir refusé de quitter son village. Ne pouvant lutter contre les recruteurs, il prit bravement son parti, et se fit soldat.

En 1744, le Roi Louis XV rencontra Denys

Battin sous les murs de Courtray. Le Roi assiégeait la place, et Battin était fusilier au régiment Dauphin. Lorsque le Roi revint à la cour, Battin alla mettre le siége devant Menin et devant Tournay. Louis XV et Denys Battin se retrouvèrent à Fontenoy.

Au siége de Bruxelles, une action d'éclat valut à Battin l'épaulette de grenadier. Cette épaulette lui avait coûté quatre ans de guerre ; il la porta pendant plus de vingt ans.

A Berg-op-Zoom les douze plus braves grenadiers de l'armée française eurent l'honneur de monter les premiers sur la brèche ; Denys Battin en était. Ce jour-là, il eut aussi l'honneur de sauver la vie et la fortune de deux femmes, dans la ville prise d'assaut. Sa force était telle, que Denys lutta contre six hommes, précipita les deux femmes dans une maison, ferma la porte, dont il défendit l'entrée pendant tout le pillage.

Ensuite il rendit aux deux dames leur or, leurs diamants, les salua d'un fort bon air, et reprit sa place au corps de garde voisin.

Son capitaine, M. le comte de Malartic, ayant connu la délicatesse de Battin, par les deux dames de Berg-op-Zoom, et d'ailleurs sept, des douze grenadiers, ayant été tués, Denys fut nommé caporal.

D'autres traits de bravoure, de probité, de bonté, le firent monter au grade de sergent.

De 1753 à 1763, il fit, en qualité de sergent de grenadiers, les sept campagnes d'Hanovre. C'est là que Battin connut le maréchal de Richelieu, dont il raconta plus tard les beaux traits au général Kléber pendant les guerres de la Vendée. Dans ses campagnes de Hanovre, le sergent Battin ne reçut que quatre blessures; celle de la bataille de Filinghaus en fut la plus grave. Denys Battin était en compagnie de Soubise, de de Broglie, de d'Estrées et du jeune Condé, lorsqu'il reçut une balle en pleine poitrine. On le crut mort. A peine était-il guéri, qu'à Minden, un éclat d'obus lui enfonça deux côtes.

Transporté à l'ambulance, il y resta quinze jours; il entrait en convalescence quand il apprit qu'une bataille allait être livrée. Le médecin refusant de laisser sortir le sergent Battin, celui-ci s'échappa, et seul, à travers champs, se mit en quête du régiment Dauphin. Épuisé de fatigues, il s'évanouit; des paysans l'apportèrent dans une chaumière. Revenu à lui, le sergent achète aux paysans du linge dont ils peuvent se passer et se fait serrer le corps d'une large bande qui comprime les blessures. Ainsi sanglé, il repart, fait huit lieues à travers les bois, au milieu des partis ennemis, et rencontre *Dauphin* qui s'aligne pour la bataille. Presser la main des camarades, saluer le capitaine, serrer sur ses lèvres la vieille gourde d'un caporal, saisir le fusil d'un blessé et se battre comme un lion : tout cela se fit simplement et naturellement.

Ces faits et bien d'autres encore sont rapportés dans l'*Histoire des généraux de la Révolution* (1), histoire merveilleuse, où toutes les vertus, toutes les grandeurs, toutes les gloires, tous les services, semblent être réunis.

A Fulde, la compagnie de grenadiers à laquelle appartenait le sergent Battin fut détachée pour occuper un moulin avancé. Cette compagnie tomba dans une embuscade de houzards de la mort. Plus de deux cents de ces cavaliers entourèrent la compagnie, composée alors de 45 grenadiers et commandée par un lieutenant et un sous-lieutenant. Tout le reste était tué ou blessé, capitaine et grenadiers.

Le commandant des houzards prussiens somme la compagnie de se rendre. Le lieutenant remet son épée et le sous-lieutenant l'imite. Le sergent Battin

---

(1) Par A. Chateauneuf, 24e partie.

était à quatre ou cinq pas en avant. Le commandant prussien lui crie : « A l'exemple de vos officiers, rendez les armes ! »

— « Les voilà ; venez-les prendre ! En avant, grenadiers ! » Telle fut la réponse du sergent.

Et il élevait au-dessus de sa tête une arme singulière, que les sergents du régiment Dauphin portaient seuls dans l'armée. C'était une longue fourche à deux dents, garnie de deux crochets comme la hallebarde. Ces fourches rappelaient un souvenir glorieux ; sous Louis XIV, au siége de Mons, le régiment Dauphin avait enlevé une position dont les défenseurs étaient armés de ces fourches. Le Roi de France accorda à MM. les sergents de Dauphin le privilége de porter cette fourche (1).

Denys Battin croise donc sa fourche, et tous les grenadiers sont chargés par les houzards. Le commandant prussien s'élance sur Battin et cherche à le renverser. Le sergent pare les coups, se jette de côté, riposte et fait si bien, qu'il enfonce dans la poitrine du commandant les deux terribles dents de sa fourche. La mort de leur chef exaspère les hou-

---

(1) Quelques-unes de ces armes se trouvent dans les collections, et l'origine en est peu connue.

zards ; ils entourent Battin, dont la force prodigieuse, l'adresse, l'agilité, le courage, semblent se multiplier ; déjà cinq houzards ont été tués par lui. Tous les grenadiers sont tombés et des cavaliers entraînent les prisonniers. Le sergent reste seul. On lui crie de se rendre, et, pendant ce temps, il saute derrière une haie pour s'en faire un rempart. On l'entoure, on fait feu de tous côtés ; sa figure, sa tête, ses épaules sont labourées de coups de sabre ; il se défend toujours. Pressé entre les poitrails des chevaux, il est enfin renversé, accablé, foulé aux pieds ; mais il refuse de rendre son arme, l'arme donnée par Louis-le-Grand aux sergents de Dauphin.

« *Quartier ! Quartier !* crie un vieux houzard, *c'est un brave homme.*

Les houzards prussiens comprirent le courage. Ils firent prisonnier le sergent qui avait tué dix de leurs camarades et leur commandant, et qui, par son exemple, avait entraîné les grenadiers à mettre cinquante cavaliers hors de combat.

On conduisit sur des charrettes le reste de la compagnie de grenadiers. Ils furent présentés au prince Ferdinand de Brunswick, auquel la chose fut contée. Il la trouva fort bien et dit publiquement : « Monsieur le sergent, je veux faire un beau cadeau à votre colonel, Monseigneur le Dauphin ; on va lui rendre sa compagnie de grenadiers; d'aussi braves gens ne doivent pas être prisonniers. »

Ils furent ramenés sur les mêmes chariots avec de grands honneurs; les deux officiers quittèrent le service, et l'on écrivit à la cour afin d'obtenir une sous-lieutenance en faveur du sergent Battin.

C'était en 1768 et madame la comtesse Dubarry jouissait d'un grand crédit; mais elle connaissait peu ou point les serviteurs du Roi, sergents ou autres.

Denys Battin avait quarante-cinq ans d'âge, vingt-cinq ans de services, dix-huit campagnes, vingt et une blessures ; madame Dubarry l'ignorait.

Après une année de démarches, entreprises par les officiers de son régiment, Battin fut nommé sous-lieutenant.

Il fit, en cette qualité, la guerre de Corse en 1779. Le Roi daigna nommer le sous-lieutenant Battin chevalier de Saint-Louis; il avait 56 ans. Lieutenant par son ancienneté, Denys Battin espérait devenir capitaine, lorsque parut l'ordonnance royale qui priva les officiers *de fortune* de passer au commandement des compagnies.

Cette mesure eut pour conséquence de laisser Denys Battin quinze ans premier lieutenant du régiment Dauphin. Le pauvre homme n'avait qu'un quartier de noblesse.

En 1792, le lieutenant Battin, âgé de 70 ans, fut nommé capitaine de grenadiers dans ex-Dauphin. La nation ayant voulu lui fournir un cheval, il refusa.

A Jemmapes, le général en chef lui confia six bataillons, après l'avoir nommé lieutenant-colonel. On vit ce vieillard, à la tête de ses bataillons, franchir les fossés, traverser le terrain entrecoupé de la bataille, s'élancer sur le village de Jemmapes, en chasser l'ennemi, et s'emparer d'une batterie d'artillerie. A la bataille de Nerwinden, il soutint, avec trois bataillons, tout l'effort de l'artillerie autrichienne pendant la retraite de l'armée, et se retira, sans être entamé, sur les hauteurs de Tirlemont.

Ce fut là, sur ces hauteurs, vers la fin de la bataille, que Battin fut nommé colonel du régiment où il était entré simple soldat un demi-siècle auparavant. Le vétéran de l'antique monarchie promena un regard mouillé de larmes sur ces jeunes soldats qui devaient être, dix ans après, les grenadiers de Napoléon.

Ce fut le brave Dampierre qui fit reconnaître

Battin colonel devant le front du régiment. Et, quelques jours après, au milieu d'une nouvelle bataille, Dampierre tombait mort dans les bras de Denys Battin.

Après la mort de Dampierre, le colonel Battin, enfermé dans Valenciennes, rendit de tels services, que le Gouvernement le nomma général de brigade. « Il commanda, dit un historien, douze heures chaque jour les ouvrages avancés de la place sur le front d'attaque. Lorsque l'ennemi attaqua les palissades, le vieux général fut lancé en l'air par un globe de compression et blessé grièvement d'un éclat de bombe. Il continua à défendre, en personne, le chemin couvert et les fossés. On se battit à la baïonnette au pied de l'escarpe ; et Battin ne rentra dans la place que le dernier des combattants. »

Envoyé dans la Vendée pour y prendre un commandement, il écrivit à la Convention nationale : « Vous m'avez nommé général, et je vous prie de comprendre mon refus. Je suis entré, il y a plus de cinquante ans, dans le régiment que je commande, et je ne veux pas en sortir. J'ai vu arriver tous mes soldats ; ils m'appellent leur père ; mon ambition est satisfaite de ce titre. »

Il resta donc colonel ; mais un petit corps d'armée fut mis sous ses ordres. Il commandait à Beaupréau, et se montra aussi humain qu'intelligent et brave.

Quatre années de bivouacs et de combats avaient épuisé ses forces. Agé de soixante-quatorze ans, le repos lui devenait nécessaire.

Il prit sa retraite en 1794, et se retira dans la ville d'Avignon.

Pendant douze années encore « la ville entière admira ses vertus comme citoyen, père de famille et bon chrétien. »

Le 26 octobre 1806, des soldats hanovriens, au service de France, portaient à sa dernière demeure celui qui avait si longtemps combattu leurs pères.

. . . .
. . . .

Vos yeux sont éblouis par les vives couleurs des *Portraits littéraires*. Vous avez à choisir entre le matérialiste et le fantaisiste, l'excentrique et le réaliste, le classique et le romantique, l'idéal et le réel. Pour tant de grands hommes, il faudrait une galerie inondée de lumière, vaste comme un Panthéon. Et cependant nous n'avons que de modestes logis, aux panneaux étroits, un peu sombres sous nos doubles rideaux.

Il faut donc faire un choix :

Prenez Henry Mürger, nous dit un critique ; il a fort bien écrit, et connaissait le cabaret.

Non. Je préfère le sergent Denys Battin ; il a beaucoup servi, et connaissait le champ de bataille.

Pour les siècles de Périclès, d'Auguste et de Louis XIV, il faut des poëtes à côté des guerriers. Oui, sans doute, mais de vrais poëtes, de vrais penseurs.

La mission de l'homme de lettres est sainte comme celle du guerrier. Il faudrait donc exclure de la galerie littéraire toutes les figures indignes.

Assez d'autres images méritent l'honneur d'être conservées, et devant lesquelles nul peintre ne s'arrête.

Modestes administrateurs qui sauvegardez la fortune publique ; prêtres charitables qui soulagez tant de misères ; pieuses femmes qui veillez au chevet des mourants ; magistrats qui rendez la justice ; et vous tous qui fécondez la terre par un labeur incessant ; et vous qui instruisez la jeunesse ; et vous encore qui, par l'industrie, enrichissez vos provinces, nul ne parlera de vous ; jamais votre nom ne s'inscrira dans un livre. Les prêtresses d'un culte évanoui passeront avant vous ; les portraits de Madame de Pompadour ou de Madame Dubarry feront oublier la sœur de charité ou la mère de famille. Quelque bohème littéraire prendra tant de place dans la galerie de portraits qu'il n'en restera plus pour l'homme utile et pour l'honnête femme.

C'est en mépris de cette loi mondaine que la pensée nous est venue de peindre à larges traits la figure du sergent Denys Battin, des grenadiers du régiment Dauphin.

TABLE DES MATIÈRES.

	Pages.
Le feld-maréchal Souvorow.	5
Le comte de Guibert, général et académicien.	85
Le baron Larrey.	161
Le général Daumesnil.	223
Le chevalier de Feuquerolle.	269
Le sergent Denys Battin.	313

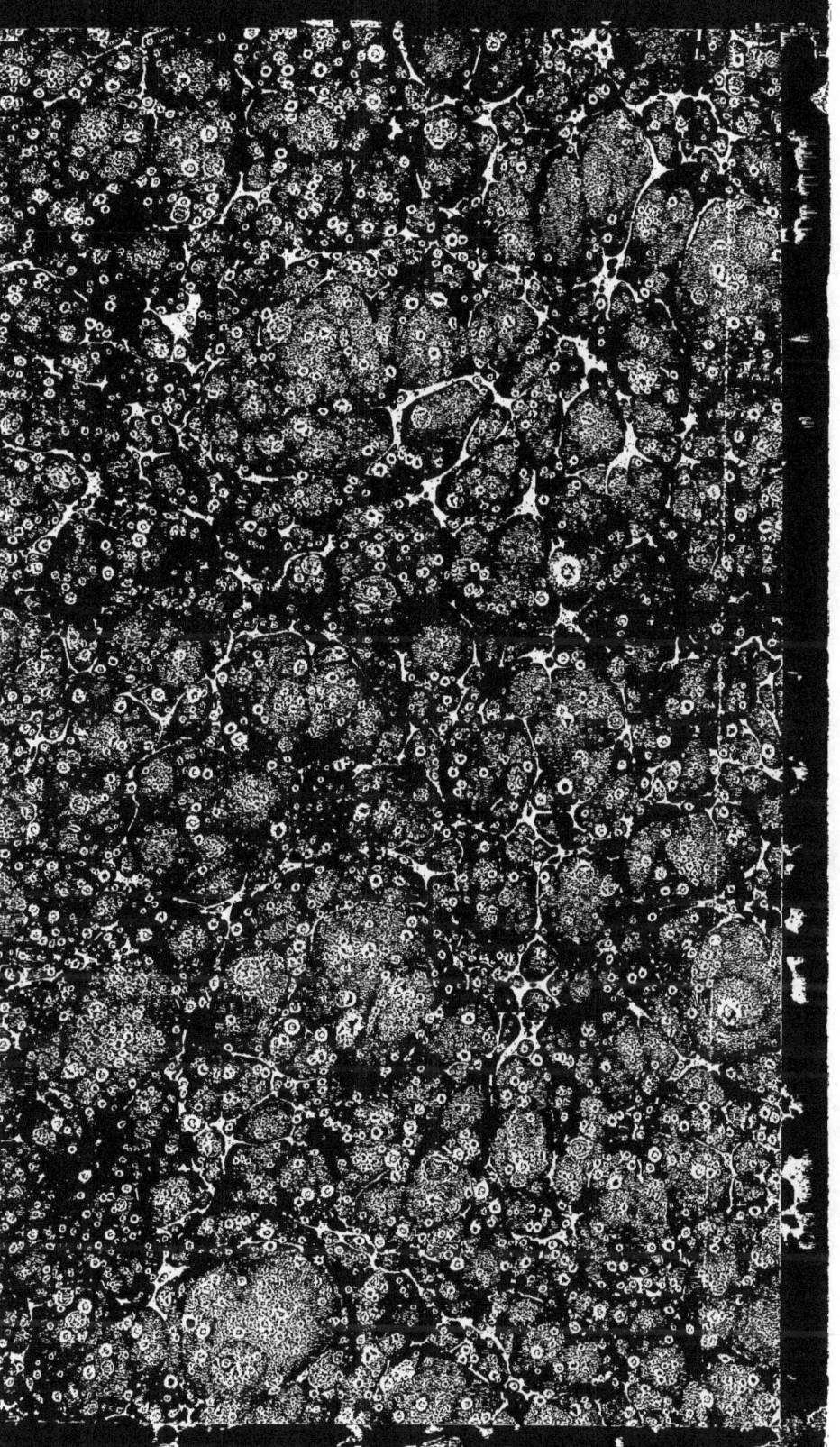

www.ingramcontent.com/pod-product-compliance
Lightning Source LLC
Chambersburg PA
CBHW072019150426
43194CB00008B/1169